U0870580

北京市盛廷律师事务所
BEIJING SHENGTING LAW FIRM

写给农民朋友的100个财产保护法律常识

北京市盛廷律师事务所 | 编著

中国经济出版社
CHINA ECONOMIC PUBLISHING HOUSE

盛在开庭

《土地管理法实施条例》专家研讨会
《土地管理法实施条例》专家研讨会

2019北京市物权法学研究会年会
农村集体资产保护论坛

首届中国产权保护法治论坛
首届中国产权保护法治论坛
首届中国产权保护法治论坛

庆祝《物权法》施行十周年
中国十大物权法事例发布会暨民法典物权编立法研讨会

第三届中国产权保护法治论坛（林权分论坛）
暨第四届全国林业和草原法治建设学术研讨会

盛在研讨

维护农民权益

◀ 张先生的 200 多亩林地被养殖场占用，盛廷律师严格消毒后进入养殖场实地勘察

▶ 某地农民土地被强制流转后建设旅游项目，盛廷律师普法讲座时农民纷纷围过来

◀ 老奶奶签过字后，向盛廷律师说了一句：“我也不懂什么，就拜托你们了！”

盛廷律师在路上

◀ 盛夏夜，盛廷律师在给村民进行普法宣传

▶ 四川广元唐家河自然保护区，50 多岁的盛廷律师徒步 11 公里山路查看当事人林木状况

◀ 盛廷律师在贵州罗甸给当地村民进行普法

▶ 搭上小三轮，盛廷律师到乡下给农民进行普法

盛在公益

之大爱清尘

尘肺病农民需求与解决对策研讨会
主办方：大爱清尘、中国政法大学公共政策研究中心

推动解决农民工尘肺病问题研讨会
大爱清尘
LOVE SAVE PNEUMOCONIOSIS

一帆风顺纳千祥
大爱清尘
LOVE SAVE PNEUMOCONIOSIS
寻找尘肺病农民兄弟大行动

疫区医疗救灾物资
北京市盛廷律师事务所
捐赠
疫区医疗救灾物资
北京市盛廷律师事务所
捐赠

盛在公益

之公益活动

希望咱们真的能够

CCTV
律师来了

那颜先生作为本生产队的

常住农民人口

但是老人他本人并不识字

王兵
律师
这个转让协议

图书在版编目（CIP）数据

写给农民朋友的100个财产保护法律常识／北京市盛延律师事务所编著．--北京：中国经济出版社，2022.3

ISBN 978-7-5136-6848-4

Ⅰ．①写… Ⅱ．①北… Ⅲ．①农民-财产权-法律保护-案例-中国 Ⅳ．①D923.25

中国版本图书馆CIP数据核字（2022）第044143号

策划编辑 姜 静
责任编辑 陈 瑞
责任印制 马小宾

出版发行 中国经济出版社
印 刷 者 北京富泰印刷有限责任公司
经 销 者 各地新华书店
开 本 710mm×1000mm 1/16
印 张 18.5 彩页 0.5
字 数 286千字
版 次 2022年3月第1版
印 次 2022年3月第1次
定 价 69.00元
广告经营许可证 京西工商广字第8179号

中国经济出版社 网址 www.economyph.com 社址 北京市东城区安定门外大街58号 邮编 100011
本版图书如存在印装质量问题，请与本社销售中心联系调换（联系电话：010-57512564）

序 言

农为邦本，本固邦宁。

习近平总书记指出：“任何时候都不能忽视农业、忘记农民、淡漠农村。”

党中央对“三农”问题的重视，体现在每年的中央一号文件中。2022年2月22日公布的《中共中央　国务院关于做好2022年全面推进乡村振兴重点工作的意见》，再次聚焦“三农”。这是进入21世纪以来中央一号文件连续第19年聚焦“三农”，足以看出中央对“三农”问题的重视。农业发展、农村振兴，都是为了农民能过上更好的生活，因此“三农”问题的根本是农民问题。

农民问题关乎社会和谐稳定、国家长治久安。根据相关数据，我国有50979万农村常住人口①、28560万农民工②，农民仍是中国社会结构的基础。

悠悠万事，唯此为大。

孟子说：“有恒产者有恒心，无恒产者无恒心。”

农业强、农村兴、农民富，关键在于如何用制度和法律保护农民财产权利。

事实上，我国的法律制度一直以来都致力于维护农民的合法财产权。从1954年《宪法》第八条规定“国家依照法律保护农民的土地所有权和其他生产资料所有权”，到现行《宪法》第十三条规定“公民的

① 数据来源：国家统计局2021年5月11日发布的《第七次全国人口普查主要数据情况》。

② 数据来源：国家统计局2021年4月30日发布的《2020年农民工监测调查报告》。

合法的私有财产不受侵犯”，确定哪些财产属于农民、如何保护好农民的财产权、在遇到财产权争议时农民如何维护好自己的权益，一直是法律关注的问题。

农民的财产权主要包括对集体资产等所享有的使用权和自己拥有的住房等财产所有权。个人财产权比较清晰，比如个人拥有的房屋、汽车、生产工具等，现在亟待厘清的是农民对集体资产所享有的财产权利。根据《中共中央　国务院关于稳步推进农村集体产权制度改革的意见》，农村集体资产包括农民集体所有的土地、森林、山岭、草原、荒地、滩涂等资源性资产，用于经营的房屋、建筑物、机器设备、工具器具、农业基础设施、集体投资兴办的企业及其所持有的其他经济组织的资产份额、无形资产等经营性资产，用于公共服务的教育、科技、文化、卫生、体育等方面的非经营性资产。可是，现实中存在着地方集体经营性资产归属不明、经营收益不清、分配不公开、成员的集体收益分配权缺乏保障等突出问题，如何切实维护农民合法权益，增加农民财产性收入，让广大农民分享改革发展成果，是摆在大家面前的一个现实问题。

然而，现实情况是，广大农民朋友往往不知道自己享有什么样的财产权，更不知道在自己财产权受到侵害后如何得到保护和救济。比如，对于土地承包经营权，有的农民将其错当土地“所有权”，认为既然土地是我的，我想干什么就干什么；而有的农民又认为土地是“集体所有”，因此村集体想什么时候收回就什么时候收回。很显然，这两种观点都是不正确的。农民都不知道哪些权利是自己的，又怎么维护自己的合法权利呢？

因此，如果能有一本通俗易懂的实用性图书，可以让农民轻松地学法、知法、懂法、守法、用法，那真是善莫大焉。

本着上述想法，北京市盛廷律师事务所总结多年农村法律服务实务经验，特别是在农民财产保护方面的丰富实践，编写了这本《写给农民朋友的100个财产保护法律常识》。

本书包括土地承包经营、宅基地与房屋、集体土地征收、农村养殖用地、农村违建拆除、农村集体资产六章，共100个问题，每个问题都是农民日常生产生活中经常遇到的。本书将每个问题按照案例故事、案例解析、法律依据、盛廷提示的结构进行编排，力求做到通俗易懂，用通俗的语言把案例讲清楚、把问题说透彻、把依据摆充分，是一本十分适合农民朋友学法、农家书屋收录推荐、基层司法工作人员研读、法律实务工作者参考的图书。我愿意向大家推荐这本书。

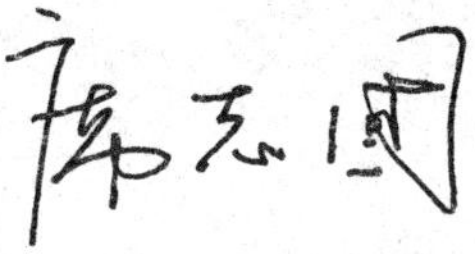

中国政法大学民商经济法学院教授

2022年3月于北京

致读者

我家承包地被强占了该怎么办？

村里要强制流转土地，我想自己种，可以吗？

我想申请宅基地，该找谁去申请批准呢？

自己在院里建了个车棚，不仅不给确权，还要强制拆除，到哪里说理去？

……

在日常接受法律咨询时，我们常常遇到这样的问题，对律师来说很简单，对农民朋友来说却很麻烦，自己的财产权益被侵害，却不知道找谁、怎么办、办不不得成。如何让农民快速掌握这些常用的法律小知识呢？这就是我们编写这本书的初衷：让农民朋友一看就懂、一学就会、一用就灵。

本书共六章100个问题，全部是农民朋友常见的财产权益纠纷，特别是不动产权益方面的法律纠纷，因此具有很强的现实指导意义。在如何让农民朋友能“看得懂、用得上、有得用”上，我们从编排体系、图文结合、语言通俗化方面都进行了有针对性的努力。

如何让农民看得懂？

书中每个问题以“案例故事”切入，用“案例解析”深入剖释，讲清“法律依据”，最后做出专业的“盛廷提示”。用家常话讲案例，以专业角度进行分析，通俗易懂，贴近百姓生活。为便于理解，部分案例故事还配有场景插画，能让农民朋友们轻轻松松读懂法律。

如何让农民用得上？

本书案例全部来源于北京市盛廷律师事务所办理案件或接受咨询的

案件，是那种“你一定在身边见过，你可能会亲身遇到”的案件。有了这本书，农民朋友可以“照方抓药”，通过查询目录，找到相关问题，查看相关案例和解析，非常好用。

如何能有得用呢?

本书在案例解析部分，通过对法律背后的法理解析，“讲法明理”，让农民朋友能够“知其然并知其所以然”，在遇到类似的矛盾纠纷时能够自己得心应手地处理类似法律问题。

作为盛廷“产权保护法律常识系列读本”的第一本，我们希望农民朋友能够真正用得上这本书。“产权保护法律常识系列读本”中关于集体组织与村民自治、业主财产保护等的图书已经进入策划阶段，相信在不久的将来会与广大读者见面。

最后，我们还想介绍一下北京市盛廷律师事务所。北京市盛廷律师事务所是一家长期关注财产权益保护的律师事务所。多年来，律所承办了大量针对房屋、土地、股权等涉及当事人重大财产权益的法律纠纷事务。尤其擅长通过行政争议解决保护当事人合法财产权益，盛廷专业律师团队宗旨是做好当事人财产安全的法律卫士。

囿于时间和编著者水平，书中难免挂一漏万，有细心的读者朋友发现后，恳请不吝批评指正，以便于我们更好地完善内容。

《写给农民朋友的100个财产保护法律常识》编写组

2022年3月

目　录

第一章　土地承包经营 …………………………………………… 001

一　承包地被非法侵占怎么办？ ………………………………… 003

二　妇女外嫁，原承包土地就要收回吗？ ……………………… 005

三　农村户口迁入城市，承包的土地会被回收吗？ …………… 007

四　村委会可以强制流转承包地吗？ …………………………… 008

五　承包地被非法收回该怎么办？ ……………………………… 010

六　村集体经济组织是否能以新增人口较多为由调整承包地？…… 012

七　家庭承包户内成员死亡后其承包地是否要被收回？ ……… 013

八　承包地能继承吗？ …………………………………………… 015

九　新出生的孩子能否分到地？怎样才能分到地？ …………… 017

十　承包地被人占用建厂能收回来吗？ ………………………… 019

十一　村委会把村里的土地承包给外村人，村民都不知道，
合法吗？ ………………………………………………………… 021

十二　因承包地与邻居发生纠纷应该找谁解决？ ……………… 023

十三　农民能否在自己的承包地上取土？ ……………………… 026

十四　农民去世后土地怎么办？ ………………………………… 028

十五　我开垦的荒地能归我吗？ ………………………………… 031

十六　承包地确权证上有错误怎么办？ ………………………… 033

十七　承包地能进行抵押贷款吗？ ……………………………… 035

十八　长期外出打工，村委会有权收回承包地吗？ …………… 036

十九　租地人拖欠承包地租金怎么办？ ………………………… 039

二十　哪些情况下村集体可以收回建设用地？ …………………… 040
二十一　基本农田是什么？如何确定自家土地是不是基本农田？ … 041
二十二　耕地建房“八不准”是什么？ ……………………………… 044
二十三　什么是“口粮田”“责任田”？ ……………………………… 046
二十四　非法占用农用地，什么情况下构成犯罪？ ………………… 048

第二章　宅基地与房屋…………………………………………………… 053

二十五　宅基地能卖吗？卖了以后还能再申请吗？ ………………… 055
二十六　谁有资格申请宅基地？宅基地向谁申请？ ………………… 057
二十七　宅基地申请的具体流程是什么？ …………………………… 060
二十八　宅基地面积标准是怎么规定的？ …………………………… 063
二十九　宅基地确权发证有什么好处？ ……………………………… 064
三十　什么是“一户一宅”？多出的宅基地面积能确权吗？ …… 066
三十一　申请到宅基地使用权就可以建房了吗？ …………………… 070
三十二　村里以“没有地”为由不批宅基地，合法吗？………… 072
三十三　翻建房子必须要四邻签字吗？ ……………………………… 075
三十四　邻居建的房子挡住了自家院子的采光该怎么办？ ……… 077
三十五　建房需要运输建材，邻居不让从他门口经过
　　　　怎么办？ …………………………………………………… 080
三十六　可以在自己家的承包地上建房吗？ ………………………… 082
三十七　超过当地宅基地面积标准的部分要收费吗？ …………… 085
三十八　没有审批的宅基地能不能确权？ …………………………… 087
三十九　全家进城落户后宅基地还能确权吗？要收回吗？ 089
四十　自家建的车棚为什么不能确权？ ……………………………… 091
四十一　房子卖了宅基地还归自己吗？ ……………………………… 093
四十二　宅基地能继承吗？ …………………………………………… 095
四十三　城镇户籍子女能继承父母在农村的宅基地吗？ ………… 097
四十四　农村宅基地可以出租吗？最长可出租多长时间？ ……… 099
四十五　村里收回宅基地的情形有哪些？ …………………………… 100
四十六　农民非法占地建房要承担什么责任？ ……………………… 103

四十七 宅基地纠纷应该怎么解决？ …………………………… 105
四十八 闲置的宅基地如何盘活利用？ ……………………………… 106
四十九 村里可以强迫农民搬到楼房居住吗？ ……………………… 109

第三章 集体土地征收 …………………………………………… 113

五十 征地中如何确定自己地的价值？征收耕地和宅基地补偿有区别吗？ ……………………………………………………… 115
五十一 村委会截留征地补偿款怎么办？ …………………………… 117
五十二 什么是“以租代征”？遇到“以租代征”怎么办？ …… 119
五十三 遇到土地征收要不要请律师？什么时候请律师？ ……… 121
五十四 村委会不认可“外嫁女”的村民资格，拒绝分配土地补偿款该怎么办？ ………………………………………………… 124
五十五 新生儿、嫁入女或赘婿是否可以分配土地补偿款？ …… 126
五十六 “外嫁女”什么情况下能获得征地补偿？ ……………… 128
五十七 租用农村土地建厂，遇到土地征收应该给予补偿吗？…… 130
五十八 村委会有权征地或者直接收回承包权吗？ ……………… 132
五十九 什么是“征地区片综合地价”？查询方法有哪些？ …… 134
六十 农民土地被征收后，如何保障“生活水平不降低，长远生计有保障”？ …………………………………………………… 136
六十一 宅基地被征收，农民可获得哪些补偿？ ………………… 137
六十二 征收集体土地的程序是什么？ …………………………… 140
六十三 遇到强制拆除怎么办？ …………………………………… 142
六十四 被迫签订的征地补偿协议是否有效？应该怎么办？ …… 145
六十五 房屋、土地征收中签了空白补偿协议怎么办？ ………… 146
六十六 符合什么条件才能征收集体土地？ ……………………… 148
六十七 征收集体土地由哪些政府部门批准？ …………………… 151
六十八 农民对征地补偿不满意怎么办？ ………………………… 153
六十九 遇到“以拆违代拆迁”情况怎么办？ …………………… 157

第四章　农村养殖用地……161

七十　建养殖场能占用耕地和永久基本农田吗？……163
七十一　建设养殖场如何申请审批？……165
七十二　建设养殖场需要离居住区多远？……167
七十三　建设农业大棚需要审批吗？对看护房面积有要求吗？……169
七十四　养殖场被禁养、关停怎么办？……171
七十五　养殖场被征收应该得到哪些补偿？……173
七十六　养殖场被认定为违建应该怎么办？……176
七十七　禁养区内的养殖场应该怎么处理？……178
七十八　没有环评手续的养殖场是否应该拆除？……180
七十九　响应政府号召建的养殖场，现在因为没有审批手续被要求拆除是否合法？……183
八十　什么是“大棚房”？……185
八十一　什么是规模化养殖？……188

第五章　农村违建拆除……191

八十二　什么是“农村违法建设”？……193
八十三　认定农村违法建筑的程序是什么？……195
八十四　无证房等于违法建筑吗？……198
八十五　谁有资格认定农村房屋是违法建筑？……200
八十六　仅凭航拍图就能拆除违法建筑吗？……202
八十七　农民翻建房屋未进行审批就是违法建设吗？要拆除吗？205
八十八　河道内的建筑物一律是违法建设吗？……208
八十九　所有的违法建筑都必须拆除吗？……212
九十　遇到违法建筑认定情况应该怎么应对？……214
九十一　农村违法建筑如何处理？……217

第六章　农村集体资产……221

九十二　农村集体资产包括什么？农村集体资产归谁所有？……223

九十三　谁有农村集体资产收益分配资格？ …… 225
九十四　拥有农村户口等于有集体经济组织成员资格吗？ …… 227
九十五　农村集体经济组织成员资格由谁确定？产生争议怎么解决？ …… 230
九十六　如何保障“外嫁女”集体资产收益分配权利？ …… 233
九十七　村委会及其成员侵占村集体资产，集体经济组织成员如何维权？ …… 234
九十八　集体资产股权份额能否继承？集体经济组织外的继承人能否继承？ …… 236
九十九　农村集体经济组织和村委会有什么区别？ …… 238
一〇〇　农业户口现在有什么优势？ …… 241

附录一 …… 243

附录二 …… 244

附录三 …… 280

第一章　土地承包经营

一　承包地被非法侵占怎么办？

案例故事

2013 年冬，李奶奶家靠近马路的土地被村委会收回。村委会说要盖学校，并且拿出一张盖有红章的批文，说镇上已经批复了。李奶奶不识字，也没有多想，就把自己的半亩承包地交给村里了，而且没有得到任何补偿。2015 年，学校盖好了，李奶奶发现自己那块地并没有被占用，邻村的人却在那里开了商店。李奶奶去找村委会，村委会告诉她那块地学校没有占到，但是在规划当中。随后，她去找商店的老板，老板说自己占地是得到村委会同意的，而且和村委会有协议。李奶奶想知道：自己的土地是不是被非法侵占了？她该怎么维权？

案例解析

很明显，李奶奶家的土地被非法侵占了。对此，李奶奶可以采取如下三种办法：一是要求侵占她土地的村委会返还土地；二是如果村委会拒不返还，可以到法院起诉追回；三是申请违法占地查处，收集违法占地证明及土地权属证明（土地确权证、承包合同等），向县级以上人民政府土地行政主管部门提出查处申请。

法律依据

《中华人民共和国土地管理法》

第六十七条　县级以上人民政府土地行政主管部门对违反土地管理法律、法规的行为进行监督检查。

第七十七条　未经批准或者采取欺骗手段骗取批准，非法占用土地的，由县级以上人民政府自然资源主管部门责令退还非法占用的土地，对违反土地利用总体规划擅自将农用地改为建设用地的，限期拆除在非法占用的土地上新建的建筑物和其他设施，恢复土地原状，对符合土地利用总体规划的，没收在非法占用的土地上新建的建筑物和其他设施，可以并处罚款；对非法占用土地单位的直接负责的主管人员和其他直接责任人员，依法给予处分；构成犯罪的，依法追究刑事责任。

盛廷提示

违法占用承包地是未获得批准或采用欺诈手段获得批准，非法占用农民承包土地的行为，非法占地会对耕地造成破坏，这是法律严禁的违法行为。

二 妇女外嫁，原承包土地就要收回吗？

案例故事

王大花之父王铁柱，与村委会签订土地承包合同，承包本村土地 5 亩，家庭成员包括王铁柱、妻子李四及子女王大花等 4 人。后王大花出嫁外村，户口也随之迁出，但她未在户口迁入地婆家分得人口地。随后，村里以王大花外嫁他村为由，要收回王大花的口粮田 1.7 亩。王大花觉得自己在婆家没有地，娘家村委会收回自己的土地，自己遭受了损失。她想知道：村里有权收回自己的口粮田吗？

案例解析

王大花的土地不能收回。农村划分责任田、口粮田以及农民申请宅基地时，妇女和男子享有平等的权益，妇女结婚、离婚后，其土地权益也应当受到保障。妇女出嫁后，户口没有从原家庭里迁出，或者是已把户口登记在婆家的户口本上，但在婆家的村集体没有分到土地，这种情况下，出嫁女在娘家的那份土地不应被收回。出嫁女已经把户口登记在婆家，也在婆家拿到了自己的土地，那么娘家的土地是会被收回的。出嫁女可以选择将土地登记在婆家或者娘家的权属证书上，但只能登记在一方，不能重复登记。一个人占两份土地，既不合理也不合法。也就是我们常说的外嫁女不能“两头空”，也不能“两头占”。

法律依据

《中华人民共和国农村土地承包法》

第六条　农村土地承包，妇女与男子享有平等的权利。承包中应当保护妇女的合法权益，任何组织和个人不得剥夺、侵害妇女应当享有的土地承包经营权。

第三十一条　承包期内，妇女结婚，在新居住地未取得承包地的，发包方不得收回其原承包地；妇女离婚或者丧偶，仍在原居住地生活或者不在原居住地生活但在新居住地未取得承包地的，发包方不得收回其原承包地。

《中华人民共和国妇女权益保障法》

第三十二条　妇女在农村土地承包经营、集体经济组织收益分配、土地征收或者征用补偿费使用以及宅基地使用等方面，享有与男子平等的权利。

第三十三条　任何组织和个人不得以妇女未婚、结婚、离婚、丧偶等为由，侵害妇女在农村集体经济组织中的各项权益。

因结婚男方到女方住所落户的，男方和子女享有与所在地农村集体经济组织成员平等的权益。

盛廷提示

已经外嫁的妇女，在未获得所嫁村庄分配人口地之前，娘家所在村委会不得强行收回其原籍承包地。

三　农村户口迁入城市，承包的土地会被回收吗？

案例故事

李连加在老家村子里生活了二十多年，后因为结婚将户口迁到市里，这时候村委会告诉李连加，因为他把户口迁出了农村，要收回他的承包地。

案例解析

李连加的承包地不应被收回。农村集体经济组织成员有权依法承包集体土地，任何组织和个人都不能剥夺和非法限制。

只要是在承包期内，户口怎么迁移都不影响农村土地的承包，现在在城市落户，没有先将农村的土地退还村委会才允许落户的附加条件。

法律依据

《中华人民共和国农村土地承包法》

第二十七条　承包期内，发包方不得收回承包地。

国家保护进城农户的土地承包经营权。不得以退出土地承包经营权作为农户进城落户的条件。

承包期内，承包农户进城落户的，引导支持其按照自愿有偿原则依法在本集体经济组织内转让土地承包经营权或者将承包地交回发包方，也可以鼓励其流转土地经营权。

承包期内，承包方交回承包地或者发包方依法收回承包地时，承包方对其在承包地上投入而提高土地生产能力的，有权获得相应的补偿。

《关于完善农村土地所有权承包权经营权分置办法的意见》[①]

三、逐步形成“三权分置”格局

（二）严格保护农户承包权。农户享有土地承包权是农村基本经营制

① 资料来源：heep：//www. gov. cn/xinwen/2016-101301 content_ 5126200. htm.

度的基础，要稳定现有土地承包关系并保持长久不变。土地承包权人对承包土地依法享有占有、使用和收益的权利。农村集体土地由作为本集体经济组织成员的农民家庭承包，不论经营权如何流转，集体土地承包权都属于农民家庭。任何组织和个人都不能取代农民家庭的土地承包地位，都不能非法剥夺和限制农户的土地承包权。在完善“三权分置”办法过程中，要充分维护承包农户使用、流转、抵押、退出承包地等各项权能。承包农户有权占有、使用承包地，依法依规建设必要的农业生产、附属、配套设施，自主组织生产经营和处置产品并获得收益；有权通过转让、互换、出租（转包）、入股或其他方式流转承包地并获得收益，任何组织和个人不得强迫或限制其流转土地；有权依法依规就承包土地经营权设定抵押、自愿有偿退出承包地，具备条件的可以因保护承包地获得相关补贴。承包土地被征收的，承包农户有权依法获得相应补偿，符合条件的有权获得社会保障费用等。不得违法调整农户承包地，不得以退出土地承包权作为农民进城落户的条件。

盛廷提示

进城落户并不会丢失土地承包权，只要承包方愿意，可以经营土地到承包期结束。就算要转让，也应该是在尊重承包方意愿的条件下，进行有偿转让，转让的方式包括转包、出租、互换、转让或者其他方式。

四　村委会可以强制流转承包地吗？

案例故事

村里引进了一个养猪场项目，需要占用农户张大毛家的一块承包地。村委会在没有经过张大毛同意的情况下，召开村民代表大会强制流转了张大毛的承包地。张大毛想知道：村委会能强制流转他的土地吗？

案例解析

村委会不能强制流转张大毛承包的土地。根据法律规定，农民可以自愿流转自己的土地使用权，任何单位和个人都无权强迫农民流转自己的土地。土地流转是拥有土地承包经营权的农民保留土地的承包权，将土地的经营权转让给其他农户或经济组织的行为。农民可以依法采取转包、出租、互换、转让或者其他方式流转自己的土地使用权。

需要提醒农民朋友，土地流转不能改变土地所有权的性质和土地的农业用途。土地流转只是转让土地使用权，还需要按照原来的用途使用土地，不得进行建设行为。

法律依据

《中华人民共和国农村土地承包法》

第三十八条　土地经营权流转应当遵循以下原则：

（一）依法、自愿、有偿，任何组织和个人不得强迫或者阻碍土地经营权流转；

（二）不得改变土地所有权的性质和土地的农业用途，不得破坏农业综合生产能力和农业生态环境；

（三）流转期限不得超过承包期的剩余期限；

（四）受让方须有农业经营能力或者资质；

（五）在同等条件下，本集体经济组织成员享有优先权。

《农村土地承包经营权流转管理办法》
（中华人民共和国农业部令 47 号）

第三十三条　农村土地承包经营权流转发生争议或者纠纷，当事人应当依法协商解决。当事人协商不成的，可以请求村民委员会、乡（镇）人民政府调解。

当事人不愿协商或者调解不成的，可以向农村土地承包仲裁机构申请仲裁，也可以直接向人民法院起诉。

盛廷提示

土地流转是不能改变土地性质和用途的，也需村民自愿流转。村委会强迫村民流转自己的土地属于违法行为，村民有权拒绝，发生强征强占行为，村民可以依法维权。

五 承包地被非法收回该怎么办？

案例故事

家住在沿海城市的农民刘福贵世代在刘海村耕种。1995年，刘福贵出于儿女的原因把户口迁到了本市的另外一个辖区。虽然户口转走了，但刘福贵一直在刘海村生活、工作。1997年，刘福贵所在的村子进行了第二轮土地承包，由于他的户口不在本村，没有获得承包土地的资格。刘福贵的土地莫名其妙地就被收回了，且没有任何补偿和解释。为了谋生，刘福贵只好租了别人的土地耕种。2007年，刘福贵将户口转回刘海村，希望能够得到一块属于自己的承包地，但是至今村委会没有给他分地。刘福贵想知道，自己怎么才能要回自己的土地。

案例解析

刘福贵可以通过协商、调解、仲裁、诉讼等方式要回自己的土地。

《中华人民共和国农村土地承包法》规定，任何组织和个人都不得收回承包方承包的土地，如果承包方全家迁入城镇落户，也应当按照承包方意愿，保留土地经营权或者依法对土地进行流转，而不是直接收回。

如果已承包地被非法收回可以通过以下方式维权：

（1）承包方要求发包方在本集体内的机动地中划拨一部分土地出来，交由自己承包。如协商不成，可以请求乡（镇）人民政府进行调解处理，若调解不成，可以向农村土地承包仲裁机构申请仲裁，也可以直接向人民法院提起诉讼。

（2）对于行政机关利用职权侵犯土地承包经营权的行为，承包人可以申请行政复议，对行政复议不服的，可以向人民法院提起诉讼。

法律依据

《中华人民共和国农村土地承包法》

第五条　农村集体经济组织成员有权依法承包由本集体经济组织发包的农村土地；任何组织和个人不得剥夺和非法限制农村集体经济组织成员承包土地的权利。

第二十七条　承包期内，发包方不得收回承包地。

国家保护进城农户的土地承包经营权。不得以退出土地承包经营权作为农户进城落户的条件。

承包期内，承包农户进城落户的，引导支持其按照自愿有偿原则依法在本集体经济组织内转让土地承包经营权或者将承包地交回发包方，也可以鼓励其流转土地经营权。

承包期内，承包方交回承包地或者发包方依法收回承包地时，承包方对其在承包地上投入而提高土地生产能力的，有权获得相应的补偿。

盛廷提示

承包土地并耕种土地是农民生活的重要来源，非法收回承包地是对农民权益的严重侵害。发包方不能以任何理由收回农民的合法承包地。

六 村集体经济组织是否能以新增人口较多为由调整承包地?

案例故事

刘大顺最近接到村里通知，由于新增人口较多，村里的承包地要重新进行调整，打乱重分。刘大顺家两个女儿都已经出嫁，家里就剩他和老伴儿两个人，他们担心这种调整会侵犯自己已经获得的承包地的使用权。刘大顺想知道：村里能以新增人口较多为由调整承包地吗?

案例解析

村委会可以经过必要程序，对承包地进行适当调整，但是必须遵循法律规定的程序和条件。

对于承包地调整，现行《农村土地承包法》规定，村集体经济组织可以对承包地进行调整，但是对于已经承包出去的土地，在承包期届满前不得收回。承包期内，因自然灾害严重毁损承包地等特殊情形对个别农户之间承包的耕地和草地需要适当调整的，必须经本集体经济组织成员的村民会议2/3以上成员或者2/3以上村民代表的同意，并报乡（镇）人民政府和县级人民政府农业等行政主管部门批准。承包合同中约定不得调整的，按照其约定。

法律依据

《中华人民共和国农村土地承包法》

第二十一条　耕地的承包期为三十年。草地的承包期为三十年至五十年。林地的承包期为三十年至七十年。

前款规定的耕地承包期届满后再延长三十年，草地、林地承包期届满后依照前款规定相应延长。

第二十三条　承包合同自成立之日起生效。承包方自承包合同生效时取得土地承包经营权。

第二十七条　承包期内，发包方不得收回承包地。

第二十八条　承包期内，发包方不得调整承包地。

承包期内，因自然灾害严重毁损承包地等特殊情形对个别农户之间承包的耕地和草地需要适当调整的，必须经本集体经济组织成员的村民会议三分之二以上成员或者三分之二以上村民代表的同意，并报乡（镇）人民政府和县级人民政府农业农村、林业和草原等主管部门批准。承包合同中约定不得调整的，按照其约定。

第二十九条　下列土地应当用于调整承包土地或者承包给新增人口：

（一）集体经济组织依法预留的机动地；

（二）通过依法开垦等方式增加的；

（三）发包方依法收回和承包方依法、自愿交回的。

盛廷提示

村集体经济组织可以调整土地给新增人口，但是应当符合法定情形并依法调整。

七　家庭承包户内成员死亡后其承包地是否要被收回？

案例故事

因为村里当年分地的时候是按照人口分的承包地，村民赵幺弟在母亲过世后，担心村里会以此为借口，收回属于母亲的那份承包地。赵幺弟想知道，他这样的担心有必要吗？村里有权收回他母亲的那份承包地吗？

案例解析

村里不能收回赵幺弟母亲的那份承包地。

我国《土地管理法》明确规定“家庭承包的承包方是本集体经济组织的农户”，注意是农户，而不是个人。因此，承包人的“死亡”，是指承包家庭中成员全部死亡，也就是承包户家庭消亡的情况。只要有家庭成员存在，家庭承包单位就没有消亡。承包期内家庭中有个别成员死亡，只要承包方的“户”存在，就不能收回其承包地，其他家庭成员可继续经营。

而农村承包经营户的定义是：农村集体经济组织的成员，依法取得农村土地承包经营权，从事家庭承包经营的，为农村承包经营户。

法律依据

《中华人民共和国农村土地承包法》

第三条　国家实行农村土地承包经营制度。

农村土地承包采取农村集体经济组织内部的家庭承包方式，不宜采取家庭承包方式的荒山、荒沟、荒丘、荒滩等农村土地，可以采取招标、拍卖、公开协商等方式承包。

第十六条　家庭承包的承包方是本集体经济组织的农户。

农户内家庭成员依法平等享有承包土地的各项权益。

第二十一条　耕地的承包期为三十年。草地的承包期为三十年至五十年。林地的承包期为三十年至七十年。

前款规定的耕地承包期届满后再延长三十年，草地、林地承包期届满后依照前款规定相应延长。

第二十七条　承包期内，发包方不得收回承包地。

第二十八条　承包期内，发包方不得调整承包地。

承包期内，因自然灾害严重毁损承包地等特殊情形对个别农户之间承包的耕地和草地需要适当调整的，必须经本集体经济组织成员的村民会议三分之二以上成员或者三分之二以上村民代表的同意，并报乡（镇）人民政府和县级人民政府农业农村、林业和草原等主管部门批准。承包合同中约定不得调整的，按照其约定。

盛廷提示

家庭承包经营以“户”为单位，其承包经营权不会因户内单个人的死亡而灭失。

八　承包地能继承吗？

案例故事

李海军在部队服役期间父亲去世，村委会以土地没人耕种为由把他家承包地收回。几年前，李海军复原回家，发现没有了土地，便去找村委会要求分地，村委会却说村子里的土地都被承包出去了，没有土地能够分给他。李海军心里纳闷，为什么自己是村子里的人，却没有土地，难道父亲的承包地不能继承吗？

案例解析

要分情况来看。如果李海军入伍前在村里有承包地，那么村里收回其承包地的行为就是不合法的；如果李海军入伍前就没有土地，那么其复员后村里应该重新给其分地。但是，无论何种情况，李海军都不属于继承土地。

《农村土地承包法》规定，承包农村土地，承包方需与发包方签订土地承包合同，承包方自承包合同生效时取得土地承包经营权。也就是说，承包方承包的是土地的经营权而不是土地的所有权，土地的所有权归集体，继承人可以继承土地的承包经营权。

只有以下三种情况下，继承人可以继承土地承包经营权：

（1）家庭联产承包的土地经营权，同一家庭户内任何家庭成员死亡，其他家庭成员可以继续耕种土地，不发生继承。因为，家庭承包是以户为单位进行承包的，所有户内家庭成员对承包地享有同等的权益，所以，并不会因某个家庭成员的死亡而影响其他家庭成员的承包经营权。

（2）林地的承包经营权可以继承。由于林木的生长周期较长，承包方的继承人可以请求在承包期内继承承包人的承包权。

（3）通过招标、拍卖等方式取得的土地承包权可以继承。通过招标、拍卖等方式取得的承包经营权，承包方付出了一定期限内的对价，因此当承包人死亡之后，继承人当然可以以财产继承的方式在承包期内继承土地承包权。

如果作为承包方的自然人死亡，村集体收回承包地，继承人可以通过哪些方式维权？

（1）证明自己是承包方的合法继承人。继承人应提供相应的证明，比如提供合法遗嘱、亲属关系文件等，证明自己是承包方的合法继承人。

（2）户中其他成员可以要求发包方返还土地。家庭承包土地秉承“生不添、死不去”的原则，只要家庭户中还有人，就可以要求继续耕种承包地。

（3）当事人可以选择到当地人民法院起诉来维护自己的合法权益。

法律依据

《中华人民共和国农村土地承包法》

第三十二条　承包人应得的承包收益，依照继承法的规定继承。

林地承包的承包人死亡，其继承人可以在承包期内继续承包。

第三十四条　经发包方同意，承包方可以将全部或者部分的土地承包经营权转让给本集体经济组织的其他农户，由该农户同发包方确立新的承包关系，原承包方与发包方在该土地上的承包关系即行终止。

《中华人民共和国兵役法》

第五十条　国家建立义务兵家庭优待金制度。义务兵家庭优待金标准由地方人民政府制定，中央财政给予定额补助。具体补助办法由国务院退役军人工作主管部门、财政部门会同中央军事委员会机关有关部门制定。

义务兵和军士入伍前是机关、团体、事业单位或者国有企业工作人员的，退出现役后可以选择复职复工。

义务兵和军士入伍前依法取得的农村土地承包经营权，服现役期间应当保留。

《中国人民解放军士官退出现役安置暂行办法》
（国发〔1999〕27号）

十二、士官复员后，由征集地的县（市）人民政府按退伍义务兵的有关规定妥善安置。

农村入伍的初级士官服现役期间，保留承包土地、自留地；中级以上士官复员后，没有承包土地、自留地的，重新划给。

农村入伍符合转业条件的士官，本人要求并经批准作复员安置的，允许落城镇户口。

盛廷提示

承包人死亡后，其承包经营所得的收益可以由其继承人来继承，继承人不管是男是女，是农村户口还是城市户口，都享有同等的继承权。

九　新出生的孩子能否分到地？怎样才能分到地？

案例故事

村民王大平老婆最近生了一对龙凤胎，全家都很高兴。可是欢喜过后，大家发现家里承包的几亩薄田难以维持原有的生活水平。王大平想，既然这两个孩子也属本村村民，那么是否也能向村里申请分配承包地呢？

案例解析

王大平家的龙凤胎可以分到土地，但是要符合以下三种情况之一。

（1）村里有集体预留的机动地。机动地是以前村里发包土地时，预先留出的、不作为承包地的少量土地，用于解决承包期内的人地矛盾问题，比如农户的土地遭受严重的自然灾害，就可以动用机动地给受灾的农户进行耕作；又或者村里修路占用农民的承包地，也可以用机动地来补偿农民的损失。同样，如果集体有机动地，新生儿是可以申请的。

（2）依法新开垦的土地。村集体通过开垦土地获得了新的土地资源，这些土地仍然归属村集体所有，通过村集体决议，可以给新生儿分配土地。

（3）本村农户自愿放弃承包的土地。比如全家户口迁出，自愿把土地交回村集体，这时候新生儿如果有需要也可以申请土地。

法律依据

《中华人民共和国农村土地承包法》

第二十八条　承包期内，发包方不得调整承包地。

承包期内，因自然灾害严重毁损承包地等特殊情形对个别农户之间承包的耕地和草地需要适当调整的，必须经本集体经济组织成员的村民会议三分之二以上成员或者三分之二以上村民代表的同意，并报乡（镇）人民政府和县级人民政府农业农村、林业和草原等主管部门批准。承包合同中约定不得调整的，按照其约定。

第二十九条　下列土地应当用于调整承包土地或者承包给新增人口：

（一）集体经济组织依法预留的机动地；

（二）通过依法开垦等方式增加的；

（三）发包方依法收回和承包方依法、自愿交回的。

盛廷提示

新出生的孩子也是村集体经济组织成员，可以向集体经济组织申请分配承包地。

十　承包地被人占用建厂能收回来吗？

案例故事

杨建国所在的村子在国道旁边，路边建了许多工厂。2010 年，村委会带着几个人到杨建国的家中，和他商谈承包地占用的问题，杨建国 3 亩地都在那边，他想自己耕种。几天后他家的地被围了起来，施工人员告诉他，外面的土地都被工厂承包了，只有他的地不在承包范围内，当然要围起来，免得工厂的工人破坏了他家的作物。最后杨建国被逼无奈，和工厂签订了一份租赁协议。2018 年开始，工厂以效益问题拖欠杨建国等人的土地租金，杨建国想把土地收回，但是不知道能不能收回。

案例解析

对于工厂非法占地问题，杨建国可以向自然资源部门申请查处，也可以向法院提起诉讼，要求返还土地，赔偿损失。

我国实行耕地用途管制，任何单位和个人因为建设需要使用土地的，都必须依法申请使用土地。国家法律保护承包方的土地经营权，对于非法占用承包地和以租代征的行为进行严厉打击。

我国《刑法》规定，违反土地管理法规，非法占用耕地、林地等农用地，私自改变被占用土地用途，且数量较大、造成土地大量损坏的，处五年以下有期徒刑或者拘役，并处或单处罚金。

违法占用承包地的行为有哪些？

一是擅自改变土地性质。

二是以租代征违法占地。

三是强占、多占耕地进行建筑物、构筑物建设。

四是通过买卖、流转等方式对土地进行其他性质使用。

五是个人在承包地上进行住房建设。

对于违法占地的侵权行为，如何维权？

一是对于没有征地批准手续的违法占地行为，强占或多占等行为，可以通过起诉的方式进行维权。承包人应向当地人民政府提起行政诉讼，请求法院确认占地行为违法，并要求其返还侵占土地，赔偿承包人损失。

二是当事人可以向当地自然资源管理部门申请查处。自然资源管理部门在接到报案后，应对工厂的建设行为进行立案查处。如当地有关部门不予办理，可以向其上级人民政府反映或到人民法院起诉。

法律依据

《中华人民共和国土地管理法》

第七十七条　未经批准或者采取欺骗手段骗取批准，非法占用土地的，由县级以上人民政府自然资源主管部门责令退还非法占用的土地，对违反土地利用总体规划擅自将农用地改为建设用地的，限期拆除在非法占用的土地上新建的建筑物和其他设施，恢复土地原状，对符合土地利用总体规划的，没收在非法占用的土地上新建的建筑物和其他设施，可以并处罚款；对非法占用土地单位的直接负责的主管人员和其他直接责任人员，依法给予处分；构成犯罪的，依法追究刑事责任。

《中华人民共和国刑法》

第三百四十二条　违反土地管理法规，非法占用耕地、林地等农用地，改变被占用土地用途，数量较大，造成耕地、林地等农用地大量毁坏的，处五年以下有期徒刑或者拘役，并处或者单处罚金。

盛廷提示

占用承包地非法建厂的行为，不仅损害了承包人的个人利益，还违反了国家关于耕地保护的政策，政府机关应加大打击力度，维护村民的权益。

十一　村委会把村里的土地承包给外村人，村民都不知道，合法吗？

案例故事

陈小小与某村委会签订了《土地承包合同》（陈小小并非该村村民），承包若干亩荒山经营。在承包期间，相邻承包经营权人雷金金因不断扩大种植面积，侵害了陈小小的部分承包地使用权，于是陈小小向法院提起排除妨害纠纷诉讼。但是在庭审过程中，雷金金提出村委会将土地发包给陈小小，村民不知情，陈小小与村委会签订的《土地承包合同》无效，陈小小无土地承包经营权，雷金金也不存在侵权行为。真的是这样吗？

案例解析

陈小小与村委会签订的合同无效。

《农村土地承包法》规定，农村土地承包的方式有两种：一是家庭承包方式，即本集体经济组织的农户和村委会签订承包合同；二是其他方式，即采取招标、拍卖、公开协商等方式和村委会签订承包合同。

非集体经济组织成员取得土地承包经营权，合法途径有两条：一是针对耕地、林地、草地等依法用于农业的土地，先由本集体经济组织成员取得土地的承包经营权，然后将该承包地的经营权流转给非本集体经济组织成员，或者实践中，本集体经济组织成员将承包地的经营权先流转给村委会，由村委会统一经营管理再流转给非本集体经济组织成员。二是针对荒山、荒沟、荒丘、荒滩等不宜采取家庭承包方式承包的土地，村委会如果将该土地发包给非本集体经济组织成员，事先经本集体经济组织成员的村民会议 2/3 以上成员或者 2/3 以上村民代表的同意，并报乡（镇）人民政府批准。

上述案例中，村委会未经本村村民大会或者村民代表大会通过，将村里的土地发包给非本集体经济组织成员，陈小小与村委会签订的《土地承包合同》因违反《农村土地承包法》第五十二条第一款，以及《村民委员会组织法》第二十四条效力性强制性规定，属于无效合同，陈小小由此也不能取得该承包地的占有、使用、收益的用益物权，雷金金相应地也不存在侵害陈小小承包地合法物权的行为。

法律依据

《中华人民共和国农村土地承包法》

第五十一条　以其他方式承包农村土地，在同等条件下，本集体经济组织成员有权优先承包。

第五十二条　发包方将农村土地发包给本集体经济组织以外的单位或者个人承包，应当事先经本集体经济组织成员的村民会议三分之二以上成员或者三分之二以上村民代表的同意，并报乡（镇）人民政府批准。

由本集体经济组织以外的单位或者个人承包的，应当对承包方的资信情况和经营能力进行审查后，再签订承包合同。

《中华人民共和国村民委员会组织法》

第二十四条　涉及村民利益的下列事项，经村民会议讨论决定方可办理：

（一）本村享受误工补贴的人员及补贴标准；

（二）从村集体经济所得收益的使用；

（三）本村公益事业的兴办和筹资筹劳方案及建设承包方案；

（四）土地承包经营方案；

（五）村集体经济项目的立项、承包方案；

（六）宅基地的使用方案；

（七）征地补偿费的使用、分配方案；

（八）以借贷、租赁或者其他方式处分村集体财产；

（九）村民会议认为应当由村民会议讨论决定的涉及村民利益的其他事项。

村民会议可以授权村民代表会议讨论决定前款规定的事项。

法律对讨论决定村集体经济组织财产和成员权益的事项另有规定的，依照其规定。

盛廷提示

农民集体所有的土地依法属于村农民集体所有，村委会没有权利自行决定将农村土地对外承包，必须经过2/3以上村民或村民代表同意。

十二　因承包地与邻居发生纠纷应该找谁解决？

案例故事

李长生在二轮土地承包时，与村委会签订30亩土地承包合同，未明确土地的四至（界线），其中12亩承包地确权登记，剩余18亩承包地未确权。2021年李长生发现其部分承包地被邻居马志明侵占并耕种。李长生找到马志明，要求他返还承包地，但马志明有合法的土地承包经营权证，土地四至显示其耕种的承包地均为自己的土地。李长生应该找谁解决并维护自己的合法权益？

案例解析

李长生可以向乡镇人民政府提起土地权属争议处理的申请，如果对于乡镇人民政府的处理决定不满意，可以在30日内向管辖法院提起行政诉讼。

上述案例中涉及土地承包经营权纠纷和土地权属争议的概念，我们首先来加以区分。

（1）农村土地承包经营权纠纷。一般是指对农村土地的四至、土地的所有权没有争议，承包方和发包方因土地承包合同而产生的纠纷，以及在承包经营权利合法取得并依法登记确认之后，因平等民事主体之间基于新的民事法律事实而产生的民事纠纷，这一纠纷的基础法律关系更多体现的是民事法律关系。

（2）土地权属争议纠纷。是指因土地所有权和使用权的归属问题产生的纠纷，归属不清，争议土地的权利在争议产生之前就一直处于不确定的状态。

上述案例中，李长生的承包合同未载明土地四至范围，而马志明的承包经营权证土地四至范围与李长生发生重合，属于双方四至不清产生的土地权属争议。

因为争议的问题不同，所以土地承包经营权纠纷与土地权属争议的处理程序不同。

（1）土地承包经营权纠纷，通过以下途径解决：A. 当事人可以通过当地的乡（镇）、村人民调解委员会调解解决，乡（镇）、村具有法定义务调解处理承包地纠纷，所达成的调解协议经过双方当事人签字具有法律效力；B. 如果不能调解解决，可以申请当地农村土地承包仲裁委员会进行仲裁解决；C. 如果对仲裁委员会的裁决不服，可自收到裁决书30日内向人民法院提起诉讼解决；D. 当事人也可以不通过仲裁委员会进行裁决，直接向人民法院提起诉讼。

（2）土地权属争议纠纷，通过以下途径解决：A. 当事人协商解决，协商不成，由人民政府处理。单位之间的争议，由县级以上人民政府处理；个人之间、个人与单位之间的争议，由乡级人民政府或者县级以上人民政府处理。B. 对乡镇人民政府的处理决定不服，可于20日内针对该决定提起行政诉讼。C. 如果乡镇人民政府未处理，需要根据《中华人民共和国行政复议法》第三十条规定先向上一级人民政府提起行政复议，如果复议机关不答复，才能向法院提起行政诉讼，要求乡镇人民政府和区县级人民政府（复议机关）履行处理土地权属争议的行政职责。

因此，本案中李长生的案件属于土地权属争议纠纷，应当按照《中华人民共和国土地管理法》向乡镇人民政府提起土地权属争议处理的申请，如果对于乡镇人民政府的处理决定不满意，可以在30日内向有管辖权的法院提起行政诉讼。

法律依据

《中华人民共和国土地管理法》

第十四条 土地所有权和使用权争议，由当事人协商解决；协商不成的，由人民政府处理。

单位之间的争议，由县级以上人民政府处理；个人之间、个人与单位之间的争议，由乡级人民政府或者县级以上人民政府处理。

当事人对有关人民政府的处理决定不服的，可以自接到处理决定通知之日起三十日内，向人民法院起诉。

在土地所有权和使用权争议解决前，任何一方不得改变土地利用现状。

《中华人民共和国农村土地承包法》

第五十五条 因土地承包经营发生纠纷的，双方当事人可以通过协商解决，也可以请求村民委员会、乡（镇）人民政府等调解解决。

当事人不愿协商、调解或者协商、调解不成的，可以向农村土地承包仲裁机构申请仲裁，也可以直接向人民法院起诉。

第五十六条 任何组织和个人侵害土地承包经营权、土地经营权的，应当承担民事责任。

《中华人民共和国农村土地承包经营纠纷调解仲裁法》

第二条 农村土地承包经营纠纷调解和仲裁，适用本法。农村土地承包经营纠纷包括：

（一）因订立、履行、变更、解除和终止农村土地承包合同发生的纠纷；

（二）因农村土地承包经营权转包、出租、互换、转让、入股等流转发生的纠纷；

（三）因收回、调整承包地发生的纠纷；

（四）因确认农村土地承包经营权发生的纠纷；

（五）因侵害农村土地承包经营权发生的纠纷；

（六）法律、法规规定的其他农村土地承包经营纠纷。

因征收集体所有的土地及其补偿发生的纠纷，不属于农村土地承包仲裁委员会的受理范围，可以通过行政复议或者诉讼等方式解决。

盛廷提示

老百姓遇到这类争议，可以申请乡镇政府处理，或者提起行政诉讼。

十三　农民能否在自己的承包地上取土？

案例故事

金大山在某村有2亩承包地。一天，徐丽华跟金大山和其他村民说，他想购买承包地下面的泥炭，并且给的价格很高，由他雇钩机挖掘泥炭，并承诺事后负责恢复耕种条件。金大山一听当即答应，可没过几个月，当地自然资源和规划局对金大山等作出调查处理，没收违法所得，并予以罚款。之后当地公安机关对徐丽华开采并出售泥炭的违法行为，以涉嫌“非法采矿罪”立案侦查。金大山在自己的承包地上取土合法吗？

案例解析

擅自在自家承包地上取土的行为属于违法行为，可能会被处以行政处罚，严重的还可能涉及刑事犯罪。

金大山在其承包地上挖取的既是“土”也是“矿”，如果金大山在其承包地上挖的是一般土壤，并非矿产资源，这种擅自在自家承包地取土的行为，也属于违法行为，如果破坏植被条件，会受到当地自然资源管理部门、农业农村主管部门责令恢复耕种条件，并处以罚款的行政处罚。如果破坏基本农田5亩以上或者基本农田以外的耕地10亩以上，会触犯《中华人民共和国刑法》第三百四十二条规定，构成非法占用农用地罪。

本案中金大山同意徐丽华开挖的土壤为“泥炭”，属于东北黑土地下面的有机土质层，按照《矿产资源分类细目》，泥炭属于国家矿产资源的一种，因此金大山的行为违反《中华人民共和国矿产资源法》第三条、第三十九条规定，属于违法行为，虽然案涉值在10万元以下，不具有严重情节，未达到非法采矿罪的刑事立案标准，但金大山的违法行为应当受到当地自然资源和规划部门的行政处罚。

法律依据

《中华人民共和国土地管理法》

第七十五条　违反本法规定，占用耕地建窑、建坟或者擅自在耕地上建房、挖砂、采石、采矿、取土等，破坏种植条件的，或者因开发土地造成土地荒漠化、盐渍化的，由县级以上人民政府自然资源主管部门、农业农村主管部门等按照职责责令限期改正或者治理，可以并处罚款；构成犯罪的，依法追究刑事责任。

《中华人民共和国刑法》

第三百四十二条　违反土地管理法规，非法占用耕地、林地等农用地，改变被占用土地用途，数量较大，造成耕地、林地等农用地大量毁坏的，处五年以下有期徒刑或者拘役，并处或者单处罚金。

第三百四十三条　违反矿产资源法的规定，未取得采矿许可证擅自采矿，擅自进入国家规划矿区、对国民经济具有重要价值的矿区和他人矿区范围采矿，或者擅自开采国家规定实行保护性开采的特定矿种，情节严重的，处三年以下有期徒刑、拘役或者管制，并处或者单处罚金；情节特别严重的，处三年以上七年以下有期徒刑，并处罚金。

《中华人民共和国矿产资源法》

第三条　矿产资源属于国家所有，由国务院行使国家对矿产资源的所有权。地表或者地下的矿产资源的国家所有权，不因其所依附的土地的所有权或者使用权的不同而改变。国家保障矿产资源的合理开发利用。禁止任何组织或者个人用任何手段侵占或者破坏矿产资源。各级人民政府必须加强矿产资源的保护工作。勘查、开采矿产资源，必须依法分别申请、经批准取得探矿权、采矿权，并办理登记；但是，已经依法申请取得采矿权的矿山企业在划定的矿区范围内为本企业的生产而进行的勘查除外。国家保护探矿权和采矿权不受侵犯，保障矿区和勘查作业区的生产秩序、工作秩序不受影响和破坏。从事矿产资源勘查和开采的，必须符合规定的资质条件。

第三十九条　违反本法规定，未取得采矿许可证擅自采矿的，擅自进入国家规划矿区、对国民经济具有重要价值的矿区范围采矿的，擅自开采国家规定实行保护性开采的特定矿种的，责令停止开采、赔偿损失，没收采出的矿产品和违法所得，可以并处罚款；拒不停止开采，造成矿产资源破坏的，依照刑法有关规定对直接责任人员追究刑事责任。单位和个人进入他人依法设立的国有矿山企业和其他矿山企业矿区范围内采矿的，依照前款规定处罚。

盛廷提示

耕地是国家的重要资源，耕地最重要的就是耕土层，如果破坏了耕土层，耕地就失去了耕种的价值，因此国家专门立法对耕土层进行保护，其目的即落实保护耕地的基本国策。而矿产作为国家的重要自然资源，受到法律的严格保护，因此承包经营权人应当合法地使用好自己对承包地的占有、使用、收益的权利。

十四　农民去世后土地怎么办？

案例故事

七十多岁的孙祥林和老伴儿在农村种着5亩地，其中4亩是老两口的，还有1亩是同村老刘的。2020年5月，老刘因病去世，村委会找人把孙祥林种在老刘土地上的麦子全都毁坏了。孙祥林找到村委会说理，村委会告诉他：“老刘没有后人，他死了，土地村里就要收回。”孙祥林感到疑惑，不是有政策说“三十年不变”吗？村里怎么能随随便便收了别人的土地呢？对此，孙祥林想问，自己还能不能继续耕种老刘的土地？农民去世以后土地怎么办？自己的子女不能继承吗？

案例解析

老刘家庭户上如果没有其他人，村里就有权收回老刘的承包地。孙祥林不能继续耕种老刘的土地。

除法律对承包地的收回有特别规定外，在承包期内，无论承包人发生什么样的变化，只要作为承包人的家庭户还存在，发包人都不得收回承包地。但因承包人死亡，承包经营的家庭户消亡的，允许发包人收回承包地。

实践中，只有发生以下七种情况，村委会或土地发包方才有权收回土地：

（1）承包地被国家征收，土地由集体所有变成国家所有。

（2）为了满足乡村公共设施和公益事业建设的需求使用的土地。

（3）不按照土地批准需求使用土地的。

（4）因撤销、迁移等原因停止使用土地的。

（5）因自然灾害造成土地严重损毁无法继续耕种的。

（6）承包方家庭户自然消亡的。

（7）承包方自愿交回承包土地。

法律依据

《中华人民共和国农村土地承包法》

第三十八条　土地经营权流转应当遵循以下原则：

（一）依法、自愿、有偿，任何组织和个人不得强迫或者阻碍土地经营权流转；

（二）不得改变土地所有权的性质和土地的农业用途，不得破坏农业综合生产能力和农业生态环境；

（三）流转期限不得超过承包期的剩余期限；

（四）受让方须有农业经营能力或者资质；

（五）在同等条件下，本集体经济组织成员享有优先权。

《中华人民共和国土地管理法》

第六十六条　有下列情形之一的，农村集体经济组织报经原批准用地的人民政府批准，可以收回土地使用权：

（一）为乡（镇）村公共设施和公益事业建设，需要使用土地的；

（二）不按照批准的用途使用土地的；

（三）因撤销、迁移等原因而停止使用土地的。

依照前款第（一）项规定收回农民集体所有的土地的，对土地使用权人应当给予适当补偿。

收回集体经营性建设用地使用权，依照双方签订的书面合同办理，法律、行政法规另有规定的除外。

盛廷提示

农民去世后，家庭户上还有其他成员的，可以继续耕种土地，不存在继承的问题。如果家庭户上没有其他成员存在，村集体有权收回承包地。

十五　我开垦的荒地能归我吗？

案例故事

刘淑芳家住在一条小河边上。2009 年，小河上游修建了一座小型水库，导致小河水量减少。几年后，原来河滩的位置长满了荒草。刘淑芳觉得这么好的土地荒着有点儿可惜，就在上面开出一亩多地种菜。2013 年，二轮土地承包确权的时候，刘淑芳却没有拿到这块地的确权证。刘淑芳几次找到村委会争取，村委会都说根据政策这块地不能确权给她。刘淑芳觉得是村委会在故意刁难她。她想知道，这块土地能确权给她吗？

案例解析

这块地在一定条件下可以确权给刘淑芳。

一般来说，河道内的土地属国家所有，开发这类未确定使用权的国有土地从事农业生产的，经县级以上人民政府依法批准，可以确定给开发单位或者个人长期使用。

如果这条小河内的土地属于集体所有，那么一般来说土地所有权是确权给刘淑芳所在的村集体，但是要保护刘淑芳作为开发者的合法权益，特别是她在土地开发中的投入。

需要提醒的是，有些“荒地”是不能开垦的。如下四类土地要特别注意，不能随意开垦。

（1）已经退耕还林、还草的土地不能继续开垦。

（2）存在纠纷的土地不能当作荒地开垦。

（3）开垦他人通过招标、公开竞价、拍卖等方式取得承包经营权的荒山、荒沟、荒丘、荒滩。

（4）影响生态发展建设以及其他法律规定禁止开垦的土地。

村民还需要注意，村民自己开荒的土地，村委会有权收回土地使用权，但是在收回时，需要给予开荒者一定的赔偿。

法律依据

《中华人民共和国水土保持法》

第十八条　水土流失严重、生态脆弱的地区，应当限制或者禁止可能造成水土流失的生产建设活动，严格保护植物、沙壳、结皮、地衣等。

在侵蚀沟的沟坡和沟岸、河流的两岸以及湖泊和水库的周边，土地所有权人、使用权人或者有关管理单位应当营造植物保护带。禁止开垦、开发植物保护带。

第二十条　禁止在二十五度以上陡坡地开垦种植农作物。在二十五度以上陡坡地种植经济林的，应当科学选择树种，合理确定规模，采取水土保持措施，防止造成水土流失。

省、自治区、直辖市根据本行政区域的实际情况，可以规定小于二十五度的禁止开垦坡度。禁止开垦的陡坡地的范围由当地县级人民政府划定并公告。

《中华人民共和国土地管理法》

第三十九条　国家鼓励单位和个人按照土地利用总体规划，在保护和改善生态环境、防止水土流失和土地荒漠化的前提下，开发未利用的土地；适宜开发为农用地的，应当优先开发成农用地。

国家依法保护开发者的合法权益。

第四十条　开垦未利用的土地，必须经过科学论证和评估，在土地利用总体规划划定的可开垦的区域内，经依法批准后进行。禁止毁坏森林、草原开垦耕地，禁止围湖造田和侵占江河滩地。

根据土地利用总体规划，对破坏生态环境开垦、围垦的土地，有计划有步骤地退耕还林、还牧、还湖。

第四十一条　开发未确定使用权的国有荒山、荒地、荒滩从事种植业、林业、畜牧业、渔业生产的，经县级以上人民政府依法批准，可以确定给开发单位或者个人长期使用。

《确定土地所有权和使用权的若干规定》

第十一条　河道堤防内的土地和堤防外的护堤地，无堤防河道历史最高洪水位或者设计洪水位以下的土地，除土改时已将所有权分配给农民，国家未征用，且迄今仍归农民集体使用的外，属于国家所有。

盛廷提示

国家鼓励农民开荒耕种，村民需要注意的是，土地开荒者只有使用权没有所有权，且只能用于耕种，不能作为他用。

十六　承包地确权证上有错误怎么办？

案例故事

2011 年，陈刚子所在的村完成土地确权，拿到确权证后他没有仔细看，就把土地确权证放了起来。2016 年，陈刚子所在的村要进行征收拆迁，他拿出土地确权证的时候，发现自己名字的“刚”错写成了“钢”，而本村还有一个人叫“陈钢子”，他担心土地征收完成之后，会把自己的补偿款转给同村的“陈钢子”。陈刚子想知道：承包地确权证上有错误怎么办？该怎么更正？

案例解析

陈刚子确权证上的错误是可以申请更改的。

农村土地承包人认为农村土地承包经营权证和登记簿记载存在错误的，可以申请更正；对于登记姓名、土地面积相关的错误，需要有相关的面积证明以及村委会提供的证明。

土地确权证出现问题需要提供如下材料：

一是需要提供承包人的不动产权属证书。

二是需要证实登记确实有错误。

三是其他需要进行更正所必需的材料。

土地确权证更正的流程：

（1）首先要证明土地确权证有错误，本人需先到村委会开具一份证明，证明其错误内容属实；如果是位置、面积出现错误的，除了证明之外，还需要土地四邻签字确认。

（2）本人携带身份证、户口本等有效证件到土地管理部门递交相关手续，填写错登、漏登的原土地登记申请书，进行补充土地户籍调查，并填写好土地变更登记审批表。

（3）相关机构在审核完成之后进行系统更改并对证书进行更换，同时原确权证作废。

法律依据

《中华人民共和国农村土地承包法》

第二十四条　国家对耕地、林地和草地等实行统一登记，登记机构应当向承包方颁发土地承包经营权证或者林权证等证书，并登记造册，确认土地承包经营权。

土地承包经营权证或者林权证等证书应当将具有土地承包经营权的全部家庭成员列入。

登记机构除按规定收取证书工本费外，不得收取其他费用。

《中华人民共和国农村土地承包经营权证管理办法》

第十一条　农村土地承包当事人认为农村土地承包经营权证和登记簿记载错误的，有权申请更正。

盛廷提示

我国法律保障土地承包人的权益，如发现确权证错误的，需及时到相关部门进行变更登记。

十七　承包地能进行抵押贷款吗？

案例故事

2020 年 8 月 1 日，王明与东大桥村村委会签订土地承包合同，承包该村 5000 亩土地，承包费为每亩每年 800 元。2021 年 8 月 1 日，王明将该土地承包经营权抵押给信用社贷款 200 万元。后借款期限到了，因受天气影响，农作物歉收，王明无法还钱，信用社和王明协议延长借款合同期限，并仍以该土地承包经营权抵押。东大桥村村委会认为王明没有权利抵押土地，要求解除合同。王明想知道：自己签订的土地承包合同是否有效？是否允许设定抵押权？

案例解析

王明所签土地承包合同是否有效，要结合多种条件确认。但可以明确的是，5000 亩土地绝非家庭联产承包，应为土地流转。对于流转土地，在一定条件下是可以将土地经营权进行抵押融资的。

法律依据

《中华人民共和国民法典》

第三百三十九条　土地承包经营权人可以自主决定依法采取出租、入股或者其他方式向他人流转土地经营权。

第三百四十二条　通过招标、拍卖、公开协商等方式承包农村土地，经依法登记取得权属证书的，可以依法采取出租、入股、抵押或者其他方式流转土地经营权。

《中华人民共和国农村土地承包法》

第四十七条　承包方可以用承包地的土地经营权向金融机构融资担保，并向发包方备案。受让方通过流转取得的土地经营权，经承包方书面同意并向发包方备案，可以向金融机构融资担保。

担保物权自融资担保合同生效时设立。当事人可以向登记机构申请登记；未经登记，不得对抗善意第三人。

实现担保物权时，担保物权人有权就土地经营权优先受偿。

土地经营权融资担保办法由国务院有关部门规定。

第五十三条　通过招标、拍卖、公开协商等方式承包农村土地，经依法登记取得权属证书的，可以依法采取出租、入股、抵押或者其他方式流转土地经营权。

盛廷提示

在符合法律规定的情况下，承包地可以进行抵押贷款。

十八　长期外出打工，村委会有权收回承包地吗？

案例故事

沈二龙是土生土长的农村人。2008年，沈二龙跟着镇上的包工队去外地打工，把承包地交给了村里的刘小兵耕种，这一走就是十多年，除了春节之外，平时他很少回家。承包地确权的时候，沈二龙赶回来登记之后，就又匆匆赶回工地。2015年，刘小兵打电话给沈二龙，说村里不让他继续种这块地了，村委会要收回这块承包地。沈二龙想知道，村委会有没有权力这么做？自己应该如何应对？

案例解析

村委会不能以沈二龙长期外出务工不在村里为由收回他的承包地。

根据相关法律规定，任何组织和个人都不得以任何理由收回农户的承包地。最高院在关于进城务工农民的判例中也指出：进城务工农民对我国现代化建设做出了重大贡献，一直以来党中央、国务院都高度重视务工农民问题，并制定了一系列保障其权益的政策措施。即使其长期在外务工也不能剥夺其该享有的村民待遇。因此，村委会无权收回沈二龙的土地。

村集体为了收回承包人的承包地，可能有如下一些说辞：

一是家中有人去世；

二是全家户口迁入城市；

三是土地撂荒；

四是女儿外嫁；

五是夫妻离异。

面对村委会强制收回土地该如何维权？

当事人应与村委会进行沟通，要求其返还收回的承包地，如果承包地被他人占用，可以要求村委会在机动土地上划分同等面积、同等质量的土地。

如果协商不成，当事人需要携带自己的《土地承包合同》等相关的材料到当地人民法院提起民事诉讼，请求法院判还当事人承包的土地。

如果发包方没有机动地，且不履行退还当事人土地的义务，当事人需要向当地政府部门申请失地补偿。

法律依据

《中华人民共和国土地管理法》

第三十八条　禁止任何单位和个人闲置、荒芜耕地。已经办理审批手续的非农业建设占用耕地，一年内不用而又可以耕种并收获的，应当由原耕种该幅耕地的集体或者个人恢复耕种，也可以由用地单位组织耕种；一年以上未动工建设的，应当按照省、自治区、直辖市的规定缴纳闲置费；连续二年未使用的，经原批准机关批准，由县级以上人民政府无偿收回用地单位的土地使用权；该幅土地原为农民集体所有的，应当交由原农村集体经济组织恢复耕种。

《中华人民共和国农村土地承包法》

第二十七条　承包期内，发包方不得收回承包地。

国家保护进城农户的土地承包经营权。不得以退出土地承包经营权作为农户进城落户的条件。

承包期内，承包农户进城落户的，引导支持其按照自愿有偿原则依法在本集体经济组织内转让土地承包经营权或者将承包地交回发包方，也可以鼓励其流转土地经营权。

承包期内，承包方交回承包地或者发包方依法收回承包地时，承包方对其在承包地上投入而提高土地生产能力的，有权获得相应的补偿。

盛廷提示

长期外出务工的农民也是集体的一分子，不能以长期在外务工为由没收其土地。

十九　租地人拖欠承包地租金怎么办？

案例故事

村民王莽莽租了村里 10 亩承包地，已经租了好几年了，每年 10 月缴纳当年的租金。但是从前年开始，王莽莽开始拖欠租金，已经 2 年没有给村里交租金。村委会多次向王莽莽讨要租金，但是王莽莽以没钱为借口拒绝缴纳租金。遇到这种情况，村委会该怎么办？

案例解析

村委会可以要求王莽莽缴纳租金并承担违约责任，如果王莽莽仍然拒绝，村委会还可以到法院起诉。

王莽莽与村里签订土地承包合同并缴纳租金，可以判定他们是普通的土地承包合同，非集体成员与集体组织签订的家庭联产承包合同。王莽莽本身拒绝缴纳租金的行为构成了违约，双方可以先行进行协商，协商无果，村委会可以到法院起诉，让违约者王莽莽承担违约责任。

法律依据

《中华人民共和国农村土地承包法》

第四十九条　以其他方式承包农村土地的，应当签订承包合同，承包方取得土地经营权。当事人的权利和义务、承包期限等，由双方协商确定。以招标、拍卖方式承包的，承包费通过公开竞标、竞价确定；以公开协商等方式承包的，承包费由双方议定。

《中华人民共和国民法典》

第五百七十七条　当事人一方不履行合同义务或者履行合同义务不符合约定的，应当承担继续履行、采取补救措施或者赔偿损失等违约责任。

盛廷提示

租地人拖欠承包地租金，属于严重的违约行为，可与对方先行协商，协商无果，应当去法院起诉，让违约者承担违约责任。

二十　哪些情况下村集体可以收回建设用地？

案例故事

小王村最近完善村里的基础设施建设，准备修建幼儿园等公共设施，但是村里没有闲置的地块，又不能占用耕地进行建设。在没有其他办法的情况下，村里发现张青海前些年在村头建的拖拉机修理厂目前闲置，那块地恰好属于村里预留的建设用地，因此村里决定收回张青海的建设用地，张青海遇到这种情况该怎么办？

案例解析

张青海应该先找出与村里签署的用地协议，查看是否给村里支付了土地使用费。这块土地上建设的建筑物、构筑物等也具有一定的经济价值。如果村委会要求收回这块地，应该给张青海一定的补偿，否则张青海可以起诉村委会，要求给付一定的补偿。

当出现某种法律事实或原因时，法律允许农村集体经济组织报经原批准用地的人民政府批准，收回土地使用权。但是，因收回使用权对权利人造成损失的，也应当给予适当的补偿。

法律依据

《中华人民共和国土地管理法》

第六十六条　有下列情形之一的，农村集体经济组织报经原批准用地的人民政府批准，可以收回土地使用权：

（一）为乡（镇）村公共设施和公益事业建设，需要使用土地的；

（二）不按照批准的用途使用土地的；

（三）因撤销、迁移等原因而停止使用土地的。

依照前款第（一）项规定收回农民集体所有的土地的，对土地使用权人应当给予适当补偿。

收回集体经营性建设用地使用权，依照双方签订的书面合同办理，法律、行政法规另有规定的除外。

盛廷提示

村集体在某些情况下可以按照法律的规定收回建设用地，但是需要给予土地使用权人补偿。

二十一　基本农田是什么？如何确定自家土地是不是基本农田？

案例故事

张勇是个钓鱼爱好者，因为觉得在野外钓鱼不好钓，突发奇想：干脆回农村的老家，把承包的田地整理一下，挖个鱼塘养鱼，既方便自己钓鱼还能增加收入。说干就干，张勇在自家土地上动手开塘养鱼，很快鱼塘建了起来，鱼也养得好好的。但没过多久，张勇却被村干部告知自家的地属于基本农田，只能作为耕地，不能用来养鱼。张勇很纳闷，农村的地怎么还不能养鱼了？如何确定自家的地是不是基本农田呢？

案例解析

本案中的关键点是基本农田的概念。基本农田，是国家按照一定时期人口和社会经济发展对农产品的需求，依据土地利用总体规划确定的不得占用的耕地。通俗地说，就是某些年份中，国家综合考虑人口和人们对农产品的需求，依据土地的总体规划确定下来的不能占用的耕地。张勇在承包此块田地的时候一定要先弄清楚这块田地是否属于基本农田。

农村通常划定有基本农田保护区。基本农田现在一般指永久基本农田，国家对基本农田实行永久性保护，无论什么情况下都不能改变基本农田的用途，不得以任何方式挪作他用。

判断自己的土地是否是基本农田，可以通过以下四种方式：

（1）看《土地承包经营权证》，该证会标注基本农田范围，注明基本农田的位置、四至范围、面积大小。

（2）看承包地附近是否有基本农田标识，在基本农田保护区都会有界桩等标识。

（3）到当地的村委会或者乡镇、县级以上地方人民政府的土地行政主管部门和农业行政主管部门查询，从乡镇的土地利用总体规划中可以了解到基本农田的信息。

（4）向上述提及的行政机关申请政府信息公开，要求核实自己的土地是否属于基本农田。

基本农田有“五不准”：

（1）不准非农建设占用基本农田（法律规定的除外）；

（2）不准以退耕还林为名违反土地利用总体规划减少基本农田面积；

（3）不准占用基本农田进行植树造林，发展林果业；

（4）不准在基本农田内挖塘养鱼和进行畜禽养殖，以及其他严重破坏耕作层的生产经营活动；

（5）不准占用基本农田进行绿色通道和绿化隔离带建设。

法律依据

《中华人民共和国土地管理法》

第三十三条　国家实行永久基本农田保护制度。下列耕地应当根据土地利用总体规划划为永久基本农田，实行严格保护：

（一）经国务院农业农村主管部门或者县级以上地方人民政府批准确定的粮、棉、油、糖等重要农产品生产基地内的耕地；

（二）有良好的水利与水土保持设施的耕地，正在实施改造计划以及可以改造的中、低产田和已建成的高标准农田；

（三）蔬菜生产基地；

（四）农业科研、教学试验田；

（五）国务院规定应当划为永久基本农田的其他耕地。

各省、自治区、直辖市划定的永久基本农田一般应当占本行政区域内耕地的百分之八十以上，具体比例由国务院根据各省、自治区、直辖市耕地实际情况规定。

《基本农田保护条例》

第十七条　禁止任何单位和个人在基本农田保护区内建窑、建房、建坟、挖砂、采石、采矿、取土、堆放固体废弃物或者进行其他破坏基本农田的活动。

禁止任何单位和个人占用基本农田发展林果业和挖塘养鱼。

《国务院关于坚决制止占用基本农田进行植树等行为的紧急通知》（国发明电〔2004〕1号）

……坚决制止任意改变基本农田用途的行为，切实做好保护基本农田“五个不准”，即：不准占用基本农田进行植树造林、发展林果业和搞林粮间作以及超标准建设农田林网；不准以农业结构调整为名，在基本农田内挖塘养鱼、建设用于畜禽养殖的建筑物等严重破坏耕作层的生产经营活动；不准违法占用基本农田进行绿色通道和城市绿化隔离带建设；不准以退耕还林为名违反土地利用总体规划，将基本农田纳入退耕范围；除法律规定的国家重点建设项目以外，不准非农建设项目占用基本农田。

盛廷提示

基本农田有“五不准”，无论是生产经营还是其他活动，都要识别基本农田范围，避免造成不必要的损失。

二十二　耕地建房“八不准”是什么？

案例故事

2012年，李远军私自圈占村里的承包地0.285亩盖房子，建成了一栋约300平方米的两层砖混房屋。2018年，李远军非法占用耕地的事被相关部门立案查处，相关部门下发行政处罚决定，限期李远军自行拆除违建的房子。李远军没有提出行政复议和行政诉讼，也没有自行拆除。后相关部门按法律规定的程序申请法院强制执行。2019年，眼看房屋要被强制拆除，李远军没有办法只能自己把房子拆除了，恢复了土地原状。

案例解析

为了遏制农村乱占耕地建房现象，2020年相关部门下发文件列举了当前最突出的、最显而易见的八类典型违法情形，即我们常说的耕地建房“八不准”。

近年来，一些地方农村未经批准违法乱占耕地建房的问题突出，并且呈现蔓延的势头。尤其是强占多占、非法出售等恶意占地建房行为，包括住宅类、管理类、工商业类等各种房屋，触碰了耕地保护红线，威胁了国家的粮食安全。

违法占用耕地建房问题从局部地区向全国范围、从普通房屋向楼房别墅、从农民自住向非法出售、从单家独户向有组织实施蔓延。相关法律制度成了“摆设”，有关部门监管不力、执法不严，甚至听之任之、置若罔闻。部分群众也存在“法不责众”心理，认为“别人建，我也建，别人不拆，我也没事”。

国家以“零容忍”的态度打击违法占用耕地建房行为，对新增乱占耕地建房行为，发现一起、处置一起、曝光一起。

法律依据

《自然资源部、农业农村部关于农村乱占耕地建房“八不准”的通知》（自然资发〔2020〕127号）

为贯彻落实党中央、国务院决策部署，坚决遏制农村乱占耕地建房行为，根据法律法规和有关政策，现就农村建房行为进一步明确“八不准”。通知如下：

一、不准占用永久基本农田建房。

二、不准强占多占耕地建房。

三、不准买卖、流转耕地违法建房。

四、不准在承包耕地上违法建房。

五、不准巧立名目违法占用耕地建房。

六、不准违反“一户一宅”规定占用耕地建房。

七、不准非法出售占用耕地建的房屋。

八、不准违法审批占用耕地建房。

盛廷提示

乱占耕地建房是违建，千万不能有侥幸心理，认为“别人建，我也建，别人不拆，我也没事”，最后落得强拆结局，不值当。

二十三　什么是“口粮田”“责任田”？

案例故事

王铁锁十年前在村里承包了一片地。今年年初，村委会称村里要划分“口粮田”“责任田”，要收回王铁锁的地，以后统一实行招投标承包制。王铁锁一家的经济来源全指望这片地，他心生疑问，村里这样做合法吗？

案例解析

村里的做法明显不合法。

“口粮田”和“责任田”是两田制度中的概念，这一划分农村耕地的方法在 1997 年已经废止。

20 世纪 80 年代中期，一些地方开始搞“两田制”，把土地分为“口粮田”和“责任田”，主要是为了解决负担不均和完成农产品定购任务难等问题。但在具体执行过程中，也出现了一些问题。有些地方搞的“两田制”实际上成了收回农民承包地、变相增加农民负担和强制推行规模经营的一种手段。1997 年，中央下发文件，对“两田制”进行整顿。

“口粮田”指的是生活保障用地，根据公平原则按人口分配，农民只负担农业税，不缴纳承包费，充分体现土地的社会福利功能。

“责任田”指的是将村集体所有耕地承包给农户，由农户自己负责耕种和管理，但不能随意买卖和改作他用的田地，需向国家缴纳农业税、向集体缴纳土地承包费、承担国家粮食定购任务。

法律依据

《中华人民共和国农村土地承包法》

第五十七条　发包方有下列行为之一的，应当承担停止侵害、排除妨碍、消除危险、返还财产、恢复原状、赔偿损失等民事责任：

（一）干涉承包方依法享有的生产经营自主权；

（二）违反本法规定收回、调整承包地；

（三）强迫或者阻碍承包方进行土地承包经营权的互换、转让或者土地经营权流转；

（四）假借少数服从多数强迫承包方放弃或者变更土地承包经营权；

（五）以划分“口粮田”和“责任田”等为由收回承包地搞招标承包；

（六）将承包地收回抵顶欠款；

（七）剥夺、侵害妇女依法享有的土地承包经营权；

（八）其他侵害土地承包经营权的行为。

《中共中央办公厅、国务院办公厅关于进一步稳定和完善农村土地承包关系的通知》（1997年8月27日中办发〔1997〕16号）

三、认真整顿“两田制”

八十年代中期以来，一些地方搞“两田制”，把土地分为“口粮田”和“责任田”，主要是为了解决负担不均和完成农产品定购任务难等问题。但在具体执行过程中，也出现了一些问题。有些地方搞的“两田制”实际上成了收回农民承包地、变相增加农民负担和强制推行规模经营的一种手段。中央不提倡实行“两田制”，没有实行“两田制”的地方不要再搞，已经实行的必须按中央的土地承包政策认真进行整顿。

（一）对原来为了平衡农户负担而实行的“动账不动地”形式的“两田制”，无论是“口粮田”还是“责任田”，承包权都必须到户，并明确30年不变，不能把“责任田”的承包期定得很短，随意进行调整。

（二）对随意提高土地承包费，收回部分承包地高价发包，或脱离实际用行政命令的办法搞规模经营而强行从农户手中收回“责任田”等做法，要坚决予以纠正。农民要求退回的，应退还给农民承包经营。纠正的具体办法要稳妥，由乡（镇）人民政府经过深入细致的调查研究，充分听取各方意见后提出，一般问题报县（市、区）人民政府审批，重大问题报省、自治区、直辖市人民政府审批。方案审批后，由县（市、区）人民政府主管部门和乡（镇）人民政府共同组织实施。

（三）少数经济发达地区，农民自愿将部分“责任田”的使用权有偿转让或交给集体实行适度规模经营，这属于土地使用权正常流转的范围，应当允许。但必须明确农户对集体土地的承包权利不变，使用权的流转要建立在农民自愿、有偿的基础之上，不得搞强迫命令和平调。

盛廷提示

以划分“口粮田”和“责任田”等为由收回承包地搞招标承包，不符合法律规定，应当承担停止侵害、排除妨碍、消除危险、返还财产、恢复原状、赔偿损失等民事责任。

二十四　非法占用农用地，什么情况下构成犯罪？

案例故事

2013年，王富因自己经营的机械加工厂需扩大经营，未经批准陆续占用村里的土地10.371亩建钢构厂房，在建钢构立柱时被发现，并被制止。2016年，王富再次动工建设，并最终建成钢构厂房2排、卫生间1处、砖混结构蓄水池等。经相关部门依法查处鉴定，王富非法建设占地均为永久基本农田，因建筑物占用、地面硬化，造成耕地种植条件严重毁坏，被移送公安机关追究刑事责任。王富家人很担心，想知道：这种情况要判刑吗？要判多少年？

案例解析

王富这种情况已经涉嫌非法占用农用地罪，很可能被判处五年以下有期徒刑或者拘役。

我国《刑法》规定了一个罪名——非法占用农用地罪。非法占用农用地，是指自然人或者单位违反土地管理法规（土地管理法、森林法、草原法等法律以及有关行政法规中关于土地管理的规定），非法占用耕地、林地等农用地，改变被占用土地用途，数量较大，造成耕地、林地等农用地大量毁坏的行为。

常见的非法占用农用地的情形有：

（1）未经批准占用农用地，即未经国家土地管理机关审核，并报经人民政府批准，擅自占用农用地的。

（2）少批多占农用地的，即部分农用地的占用是经过合法批准的，但超过批准的数量且多占农用地的数量较大的。

（3）骗取批准而占用农用地的，主要是以提供虚假文件，谎报用途或借用、盗用他人的名义申请等欺骗手段取得批准手续而占用农用地，且数量较大的。

（4）改作他用，是指改变农用地的种植用途而作其他方面使用，诸如开办企业、建造住宅、筑路、采石、采矿、取土、倾倒废物等。

符合非法占用农用地的情形后，还要看是否符合“数量较大”的标准，以下情形属于“数量较大”：

（1）非法占用基本农田 5 亩以上或者非法占用基本农田以外的耕地 10 亩以上；

（2）非法占用并毁坏防护林地、特种用途林地数量分别或者合计达到 5 亩以上；

（3）非法占用并毁坏其他林地数量达到 10 亩以上；

（4）非法占用并毁坏防护林地、特种用途林地、其他林地，数量分别达到相应规定的数量标准的 50% 以上；

（5）非法占用并毁坏防护林地、特种用途林地、其他林地，其中一项数量达到相应规定的数量标准的 50% 以上，且两项数量合计达到该项规定的数量标准；

（6）非法占用草原，改变被占用草原用途，数量在20亩以上的，或者曾因非法占用草原受过行政处罚，在3年内又非法占用草原，改变被占用草原用途，数量在10亩以上的。

法律依据

《中华人民共和国刑法》

第三百四十二条　违反土地管理法规，非法占用耕地、林地等农用地，改变被占用土地用途，数量较大，造成耕地、林地等农用地大量毁坏的，处五年以下有期徒刑或者拘役，并处或者单处罚金。

《最高人民法院关于审理破坏土地资源刑事案件具体应用法律若干问题的解释》（法释〔2000〕14号）

第三条　违反土地管理法规，非法占用耕地改作他用，数量较大，造成耕地大量毁坏的，依照刑法第三百四十二条的规定，以非法占用耕地罪定罪处罚：

（一）非法占用耕地“数量较大”，是指非法占用基本农田五亩以上或者非法占用基本农田以外的耕地十亩以上。

（二）非法占用耕地“造成耕地大量毁坏”，是指行为人非法占用耕地建窑、建坟、建房、挖沙、采石、采矿、取土、堆放固体废弃物或者进行其他非农业建设，造成基本农田五亩以上或者基本农田以外的耕地十亩以上种植条件严重毁坏或者严重污染。

《最高人民法院关于审理破坏林地资源刑事案件具体应用法律若干问题的解释》（法释〔2005〕15号）

第一条　……具有下列情形之一的，属于《中华人民共和国刑法修正案（二）》规定的“数量较大，造成林地大量毁坏”，应当以非法占用农用地罪判处五年以下有期徒刑或者拘役，并处或者单处罚金：

（一）非法占用并毁坏防护林地、特种用途林地数量分别或者合计达到五亩以上；

（二）非法占用并毁坏其他林地数量达到十亩以上；

（三）非法占用并毁坏本条第（一）项、第（二）项规定的林地，数量分别达到相应规定的数量标准的百分之五十以上；

（四）非法占用并毁坏本条第（一）项、第（二）项规定的林地，其中一项数量达到相应规定的数量标准的百分之五十以上，且两项数量合计达到该项规定的数量标准。

《最高人民法院关于审理破坏草原资源刑事案件应用法律若干问题的解释》（法释〔2012〕15号）

第二条　非法占用草原，改变被占用草原用途，数量在二十亩以上的，或者曾因非法占用草原受过行政处罚，在三年内又非法占用草原，改变被占用草原用途，数量在十亩以上的，应当认定为刑法第三百四十二条规定的“数量较大”。

盛廷提示

非法占用农用地搞建设，可不仅仅是违建被拆除、损失一点金钱那么简单，严重的还可能触犯刑法，被判刑。

第二章　宅基地与房屋

二十五　宅基地能卖吗？　卖了以后还能再申请吗？

案例故事

5 年前，村民陈秀英外出打工，老家的宅基地长期闲置，房子也没人住。为了避免浪费，陈秀英把自己的宅基地和宅基地上建的房子一起转让给了同村的其他村民，卖了 10 万元；5 年后，陈秀英回到农村老家生活，想要在村里再建新的房子，向村里申请宅基地，被拒绝。陈秀英想知道：自己卖房子是否合法？村里这种做法合法吗？

案例解析

陈秀英在不违反国家法律强制性规定的前提下，出卖自己的房屋，是合法的。但是，她卖出房屋的同时将宅基地使用权也一并转让给了同村村民，当她再次申请宅基地的时候，村里有权拒绝其申请。

（1）关于陈秀英卖房的问题。农村土地的性质是集体所有，宅基地也属于村集体所有，农户对宅基地没有所有权，只有使用权。宅基地使用权的权利主体是农村集体经济组织的成员，具有身份属性，在一定程度上有福利性质。因此准确地说，宅基地不能“买卖”，但是宅基地使用权可以流转，流转方式包括转让和出租。

转让宅基地的使用权有一些限制要求：宅基地的转让需要征得村集体经济组织同意，转让的对象需是本集体经济组织内部符合宅基地申请条件的农户。各省（自治区、直辖市）对宅基地转让做出其他条件要求的，须同时满足规定要求。

目前国家鼓励各地探索通过制定宅基地转让示范合同等方式，引导规范转让行为。转让合同生效后，应及时办理宅基地使用权变更手续。

（2）关于宅基地转让后还能否再申请。根据《土地管理法》的规定，该申请是不能再获得批准的。

那么，如果想要回村居住应当怎么办？这需要分情况分析：

（1）如果受让方也是本集体经济组织成员，且经过集体经济组织同意，那么宅基地转让合同就是有效的，这种情况下想再申请一块宅基地建房是不会被批准的。

（2）如果受让方不是本集体经济组织成员，出让方可以请求法院确认宅基地转让合同无效，请求受让方腾退房屋，同时出让方也要返还相应的价款，并且承担一定的缔约过失责任。

法律依据

《中华人民共和国土地管理法》

第九条　农村和城市郊区的土地，除由法律规定属于国家所有的以外，属于农民集体所有；宅基地和自留地、自留山，属于农民集体所有。

第六十二条　农村村民一户只能拥有一处宅基地，其宅基地的面积不得超过省、自治区、直辖市规定的标准。

人均土地少、不能保障一户拥有一处宅基地的地区，县级人民政府在充分尊重农村村民意愿的基础上，可以采取措施，按照省、自治区、直辖市规定的标准保障农村村民实现户有所居。

农村村民建住宅，应当符合乡（镇）土地利用总体规划、村庄规划，不得占用永久基本农田，并尽量使用原有的宅基地和村内空闲地。编制乡（镇）土地利用总体规划、村庄规划应当统筹并合理安排宅基地用地，改善农村村民居住环境和条件。

农村村民住宅用地，由乡（镇）人民政府审核批准；其中，涉及占用农用地的，依照本法第四十四条的规定办理审批手续。

农村村民出卖、出租、赠与住宅后，再申请宅基地的，不予批准。

国家允许进城落户的农村村民依法自愿有偿退出宅基地，鼓励农村集体经济组织及其成员盘活利用闲置宅基地和闲置住宅。

国务院农业农村主管部门负责全国农村宅基地改革和管理有关工作。

《中华人民共和国民法典》

第三百六十三条　宅基地使用权的取得、行使和转让，适用土地管理的法律和国家有关规定。

《中央农村工作领导小组办公室、农业农村部关于进一步加强农村宅基地管理的通知》（中农发〔2019〕11号）

三、严格落实“一户一宅”规定

宅基地是农村村民用于建造住宅及其附属设施的集体建设用地，包括住房、附属用房和庭院等用地。农村村民一户只能拥有一处宅基地，面积不得超过本省、自治区、直辖市规定的标准。农村村民应严格按照批准面积和建房标准建设住宅，禁止未批先建、超面积占用宅基地。经批准易地建造住宅的，应严格按照“建新拆旧”要求，将原宅基地交还村集体。农村村民出卖、出租、赠与住宅后，再申请宅基地的，不予批准。对历史形成的宅基地面积超标和“一户多宅”等问题，要按照有关政策规定分类进行认定和处置。人均土地少、不能保障一户拥有一处宅基地的地区，县级人民政府在充分尊重农民意愿的基础上，可以采取措施，按照省、自治区、直辖市规定的标准保障农村村民实现户有所居。

盛廷提示

农村的宅基地如果要“卖”，必须“卖”给本集体经济组织成员，否则可能因违反规定，导致宅基地转让合同无效。

二十六　谁有资格申请宅基地？宅基地向谁申请？

案例故事

王博家在农村，一直和父母、弟弟住在一起。去年王博结婚，今年妻子怀孕了，王博想到自己已经和父母分家了，也不好一直住在一起，现在有了小孩，父母家更是拥挤，不方便居住。王博问：自己这个情况，能去申请一块宅基地建房子吗？如果要申请宅基地，向谁申请？

案例解析

在不超过当地面积标准的情况下，王博可以向村集体或者村民小组申请一处宅基地建房，不违反“一户一宅”的规定。

我国法律规定，农村村民以户为单位，一户只能申请一处宅基地，即我们常说的“一户一宅”，这是农民申请宅基地的一个基本原则。

依据《土地管理法》，结合各省（自治区、直辖市）宅基地管理的有关规定，农村村民有下列情况之一的，可以以户为单位申请宅基地：

（1）无宅基地的；

（2）因子女结婚等原因确需分户而现有的宅基地低于分户标准的；

（3）现住房影响乡（镇）村建设规划，需要搬迁重建的；

（4）符合政策规定迁入村集体组织落户为正式成员且在原籍没有宅基地的；

（5）因自然灾害损毁或避让地质灾害搬迁的。

各省（自治区、直辖市）对农户申请宅基地条件有其他规定的，应同时满足其他条件要求。

那么宅基地应该向谁申请呢？要分情况来看：

（1）设有村民小组的，以户为单位向所在村民小组提出宅基地和建房（规划许可）书面申请，由村民小组报送村级组织，再由村级组织报送乡镇政府审核。

（2）没有分设村民小组或宅基地和建房申请等事项已统一由村级组织办理的，农户直接向村级组织提出申请，由村级组织报送乡镇政府审核。

法律依据

《中华人民共和国土地管理法》

第六十二条　农村村民一户只能拥有一处宅基地，其宅基地的面积不得超过省、自治区、直辖市规定的标准。

人均土地少、不能保障一户拥有一处宅基地的地区，县级人民政府在充分尊重农村村民意愿的基础上，可以采取措施，按照省、自治区、直辖市规定的标准保障农村村民实现户有所居。

农村村民建住宅，应当符合乡（镇）土地利用总体规划、村庄规划，不得占用永久基本农田，并尽量使用原有的宅基地和村内空闲地。编制乡（镇）土地利用总体规划、村庄规划应当统筹并合理安排宅基地用地，改善农村村民居住环境和条件。

农村村民住宅用地，由乡（镇）人民政府审核批准；其中，涉及占用农用地的，依照本法第四十四条的规定办理审批手续。

农村村民出卖、出租、赠与住宅后，再申请宅基地的，不予批准。

国家允许进城落户的农村村民依法自愿有偿退出宅基地，鼓励农村集体经济组织及其成员盘活利用闲置宅基地和闲置住宅。

国务院农业农村主管部门负责全国农村宅基地改革和管理有关工作。

《农业农村部、自然资源部关于规范农村宅基地审批管理的通知》（农经发〔2019〕6号）

二、依法规范农村宅基地审批和建房规划许可管理

……

（一）明确申请审查程序

符合宅基地申请条件的农户，以户为单位向所在村民小组提出宅基地和建房（规划许可）书面申请。村民小组收到申请后，应提交村民小组会议讨论，并将申请理由、拟用地位置和面积、拟建房层高和面积等情况在本小组范围内公示。公示无异议或异议不成立的，村民小组将农户申请、村民小组会议记录等材料交村集体经济组织或村民委员会（以下简称村级组织）审查。村级组织重点审查提交的材料是否真实有效、拟用地建房是否符合村庄规划、是否征求了用地建房相邻权利人意见等。审查通过的，由村级组织签署意见，报送乡镇政府。没有分设村民小组或宅基地和建房申请等事项已统一由村级组织办理的，农户直接向村级组织提出申请，经村民代表会议讨论通过并在本集体经济组织范围内公示后，由村级组织签署意见，报送乡镇政府。

盛廷提示

农村村民只要符合宅基地申请的条件，就可以向村民小组或村委会申请宅基地建房，并一定要履行申请审批手续，避免房屋成为违建。

二十七　宅基地申请的具体流程是什么？

案例故事

村民李峰年今年37岁，已成家，有一个孩子。李峰年还有一个弟弟，今年35岁，有两个孩子。兄弟二人已经分户，加上父母，全家9口人居住在三间砖瓦房中，居住面积严重不足。去年李峰年向村委会提出宅基地申请，村内召开了村民代表会议，会议同意李峰年的申请并做了会议记录。但递交书面申请后至今已经一年多没有回应。李峰年想知道：宅基地的审批流程是怎样的？审批进度如何？

案例解析

农村宅基地分配实行农户申请、村组审核、乡镇审批。宅基地申请审批流程包括农户申请、村民小组会讨论通过并公示、村级组织开展材料审核、乡镇部门审查、乡镇政府审批、发放宅基地批准书等环节。

农村宅基地建房申请审批的具体流程如下：

（1）符合宅基地申请条件的农户提出书面申请。有村民小组的向村民小组申请，没有村民小组的向村级组织直接申请。

（2）村民小组或村民代表会议讨论公示。要公示的内容有：申请理由、拟用地位置和面积、拟建房层高和面积等。

（3）村级组织对提交的材料进行审查，签署意见。

（4）乡镇政府受理审核。村级组织报送给乡镇政府，乡镇政府审核后出具《农村宅基地批准书》。

法律依据

《中华人民共和国土地管理法》

第六十二条　农村村民一户只能拥有一处宅基地，其宅基地的面积不得超过省、自治区、直辖市规定的标准。

人均土地少、不能保障一户拥有一处宅基地的地区，县级人民政府在充分尊重农村村民意愿的基础上，可以采取措施，按照省、自治区、直辖市规定的标准保障农村村民实现户有所居。

农村村民建住宅，应当符合乡（镇）土地利用总体规划、村庄规划，不得占用永久基本农田，并尽量使用原有的宅基地和村内空闲地。编制乡（镇）土地利用总体规划、村庄规划应当统筹并合理安排宅基地用地，改善农村村民居住环境和条件。

农村村民住宅用地，由乡（镇）人民政府审核批准；其中，涉及占用农用地的，依照本法第四十四条的规定办理审批手续。

农村村民出卖、出租、赠与住宅后，再申请宅基地的，不予批准。

国家允许进城落户的农村村民依法自愿有偿退出宅基地，鼓励农村集体经济组织及其成员盘活利用闲置宅基地和闲置住宅。

国务院农业农村主管部门负责全国农村宅基地改革和管理有关工作。

《农业农村部、自然资源部关于规范农村宅基地审批管理的通知》（农经发〔2019〕6号）

二、依法规范农村宅基地审批和建房规划许可管理

……

（一）明确申请审查程序

符合宅基地申请条件的农户，以户为单位向所在村民小组提出宅基地和建房（规划许可）书面申请。村民小组收到申请后，应提交村民小组会议讨论，并将申请理由、拟用地位置和面积、拟建房层高和面积等情况在本小组范围内公示。公示无异议或异议不成立的，村民小组将农户申请、村民小组会议记录等材料交村集体经济组织或村民委员会（以下简称村级组织）审查。村级组织重点审查提交的材料是否真实有效、拟用地建房是否符合村庄规划、是否征求了用地建房相邻权利人意见等。审查通过的，由村级组织签署意见，报送乡镇政府。没有分设村民小组或宅基地和建房申请等事项已统一由村级组织办理的，农户直接向村级组织提出申请，经村民代表会议讨论通过并在本集体经济组织范围内公示后，由村级组织签署意见，报送乡镇政府。

盛廷提示

农村宅基地建房申请审批等事项，由各省份自己制定相关宅基地管理条例或办法，具体规定可向当地查询了解。

二十八　宅基地面积标准是怎么规定的？

案例故事

曾志强家的老房子是十多年前的养殖临时用房，房屋修建在以前农村合作社的晒谷坝上（修建的时候该地早已荒废）。后来曾志强成家立业有了孩子，现在的居住环境很简陋也很拥挤。家里加上小孩一共有五口人，曾志强平时在外地打工，为了父母和孩子有个好的居住环境，他想在原宅基地上重建房屋。曾志强想知道：自己能审批多少平方米的宅基地和多少平方米的生产用房？

案例解析

曾志强需要到当地相关部门了解宅基地面积标准，并以该标准建设。

根据《土地管理法》的规定，宅基地的面积标准由省、自治区、直辖市制定，因此各地区的标准不一样，所以宅基地的面积标准也是不同的。

以河北省为例，《河北省土地管理条例》第五十一条对宅基地面积标准是这么规定的：

农村村民新建住宅，宅基地的用地标准是：

（一）城市郊区，每处宅基地不得超过一百六十七平方米；

（二）平原地区和山区，人均耕地不足一千平方米的县（市），每处宅基地不得超过二百平方米，人均耕地一千平方米以上的县（市），每处宅基地不得超过二百三十三平方米；

（三）坝上地区，每处宅基地不得超过四百六十七平方米。

在前款规定的限额内，市、县人民政府可以根据当地实际，具体规定本行政区域内的农村宅基地标准。

法律依据

《中华人民共和国土地管理法》

第六十二条　农村村民一户只能拥有一处宅基地，其宅基地的面积不得超过省、自治区、直辖市规定的标准。

盛廷提示

各地区宅基地面积的标准有所不同，在申请宅基地建房的时候，村里一般会告知标准，如果不知道要及时询问，避免房屋超建。

二十九　宅基地确权发证有什么好处？

案例故事

赵大春、赵小春两兄弟生活在祖辈留下的老宅子里。这些天村里一直宣传鼓励村民积极完成宅基地确权登记工作。两兄弟翻找了家里的老证件，发现老宅基地证上写的是已过世爷爷的名字。关于是否去确权，两兄弟产生分歧。赵大春虽不知道确权登记的好处，但认为响应号召总没错，赵小春觉得农村房子不像城里房子那么正规，世世代代都这么过来的，没必要去。兄弟俩应该去确权吗？能得到什么好处呢？

案例解析

赵大春兄弟俩应该去确权。

农村宅基地确权就是确定宅基地的权属并登记发证，简单来说就是，农村房子也有房产证了。

农村宅基地一定要确权。首先，推进农村集体土地确权登记发证是落实最严格的耕地保护制度和节约用地制度、提高土地管理和利用水平的客观需要。其次，推进农村集体土地确权登记发证是维护农民权益、促进农村社会和谐稳定的现实需要。通过农村集体土地确权登记发证，可以有效解决农村集体土地权属纠纷，化解农村社会矛盾，依法确认农民土地权利。最后，推进农村集体土地确权登记发证工作是夯实农业农村发展基础、促进城乡统筹发展的迫切需要。

宅基地确权，有很多好处：

（1）有利于强化物权保障。一经确权，就是宅基地使用权的物权权利人，有利于依法保障农民的权益。

（2）有利于进一步激发农民节约用地积极性，建设城乡统一的土地市场，促进农村经济社会发展和城乡统筹发展。

（3）有利于盘活农村闲置宅基地和农房。宅基地确权后，宅基地和农房的权属更为清晰，结合近些年国家出台政策支持农村闲置宅基地和农房盘活利用的背景，有利于对闲置宅基地进行租赁及整治。

法律依据

《中华人民共和国土地管理法》

第九条　城市市区的土地属于国家所有。

农村和城市郊区的土地，除由法律规定属于国家所有的以外，属于农民集体所有；宅基地和自留地、自留山，属于农民集体所有。

第十条　国有土地和农民集体所有的土地，可以依法确定给单位或者个人使用。使用土地的单位和个人，有保护、管理和合理利用土地的义务。

第十一条　农民集体所有的土地依法属于村农民集体所有的，由村集体经济组织或者村民委员会经营、管理；已经分别属于村内两个以上农村集体经济组织的农民集体所有的，由村内各该农村集体经济组织或者村民小组经营、管理；已经属于乡（镇）农民集体所有的，由乡（镇）农村集体经济组织经营、管理。

第十二条　土地的所有权和使用权的登记，依照有关不动产登记的法律、行政法规执行。

依法登记的土地的所有权和使用权受法律保护，任何单位和个人不得侵犯。

盛廷提示

宅基地确权发证有利于依法确认农民土地权利，可有效减少宅基地权属争议引发的各种社会矛盾。

三十　什么是“一户一宅”？多出的宅基地面积能确权吗？

案例故事

刘大伟今年53岁了，家里有两儿两女，最小的女儿也已经18岁了。因为有两个儿子，2002年村里又给他家分了一块宅基地建房。可是有一天，村里的九凤突然来到刘大伟家，说村里分给刘家的宅基地是她家原来的菜地，而且一户只能有一处宅基地，现在刘家两处宅基地违反了“一户一宅”的规定。九凤要求村里把土地还给她，不然就要到法院告刘家和村委会。老实巴交的刘大伟一听要上法院，就有些害怕了。他想知道，自己是真的违法了吗？

案例解析

刘大伟家并未违反“一户一宅”的规定。

虽然“一户一宅”是指农村村民一户只能拥有一处宅基地用来建房居住。其中关于“户”的认定，一般是根据公安户籍管理的户口来判定的，也就是说，如果在户口本上登记的是一家人，那么该户口本所登记的家庭就属于一户，该户只能申请一处宅基地。

但是，除了以户籍管理的规定作为“一户一宅”的标准外，若宅基地数量、占地面积若符合确权要求，“一户多宅”也可以，其确权依据如下：

（1）符合分户建房条件但未分户的。符合当地分户建房条件未分户，但未经批准就另行修建住宅分开居住的，如果宅基地使用符合相关规划，经公告无异议，并经过集体同意的，重新按规定办理相关用地手续后，可以进行依法确权登记。

（2）因继承房屋占用的宅基地。因父母去世继承宅基地上房屋，占用宅基地的，应当给予确权登记。

（3）建新未拆旧，但总面积不超过当地规定的标准的。出于历史原因，很多地方农民在建新房时并未按照规定拆除旧房子，那么旧房是否予以确权呢？这要分两种情况：一是自建房总面积在省（自治区、直辖市）规定标准之内，依规获得自建房用地批准文件后，即可申请办理确权登记；二是两处自建房总面积超出省（自治区、直辖市）规定标准的，应拆除原住宅，即可给新建筑办理确权登记。

（4）合法转让的宅基地。我国从1986年开始实施“一户一宅”的规定，此前由于农村房屋的买卖形成的“一户多宅”，应该予以确权。

对于超面积部分的确权，应区分以下三个时间点分类进行处置：

（1）1982年《村镇建房用地管理条例》实施前，农民集体经济组织成员建房占用的宅基地，范围在《村镇建房用地管理条例》实施后至今未扩大的，无论是否超过其后当地规定面积标准，均按实际使用面积予以确权登记。

（2）1982年《村镇建房用地管理条例》实施起至1987年《土地管理法》实施时止，农民集体经济组织成员建房占用的宅基地，超过当地规定面积标准的，超过面积按国家和地方有关规定处理的结果予以确权登记。

（3）1987年《土地管理法》实施后，农民集体经济组织成员建房占用的宅基地，超过批准面积建设的，不予确权登记。符合规划经依法处理予以保留的，在补办相关用地手续后，只登记批准部分，超出部分在登记簿和证书中注记。

历史上接受转让、赠与房屋占用的宅基地超过当地规定面积标准的，按照转让、赠与行为发生时对宅基地超面积标准的政策规定，予以确权登记。

法律依据

《中华人民共和国土地管理法》

第六十二条　农村村民一户只能拥有一处宅基地，其宅基地的面积不得超过省、自治区、直辖市规定的标准。

人均土地少、不能保障一户拥有一处宅基地的地区，县级人民政府在充分尊重农村村民意愿的基础上，可以采取措施，按照省、自治区、直辖市规定的标准保障农村村民实现户有所居。

《国土资源部关于进一步加快宅基地和集体建设用地确权登记发证有关问题的通知》（国土资发〔2016〕191号）

五、结合实际依法处理“一户多宅”问题。

宅基地使用权应按照“一户一宅”要求，原则上确权登记到“户”。符合当地分户建房条件未分户，但未经批准另行建房分开居住的，其新建房屋占用的宅基地符合相关规划，经本农民集体同意并公告无异议的，可按规定补办有关用地手续后，依法予以确权登记；未分开居住的，其实际使用的宅基地没有超过分户后建房用地合计面积标准的，依法按照实际使用面积予以确权登记。

自然资源部办公厅关于印发《宅基地和集体建设用地使用权确权登记工作问答》的函（自然资办函〔2020〕1344号）

33. “一户多宅”能不能登记？

《国土资源部关于进一步加快宅基地和集体建设用地确权登记发证有关问题的通知》（国土资发〔2016〕191号）规定，宅基地使用权应按照“一户一宅”要求，原则上确权登记到“户”。符合当地分户建房条件未分户，但未经批准另行建房分开居住的，其新建房屋占用的宅基地符合相关规划，经本农民集体经济组织或村民委员会同意并公告无异议或异议不成立的，可按规定补办有关用地手续后，依法予以确权登记；未分开居住的，其实际使用的宅基地没有超过分户后建房用地合计面积标准的，依法按照实际使用面积予以确权登记。

对于因继承房屋占用宅基地，形成“一户一宅”的，可按规定确权登记，并在不动产登记簿和证书附记栏进行注记。

34. 宅基地确权登记中的“户”如何认定?

地方对“户”的认定有规定的，按地方规定办理。地方未作规定的，可按以下原则认定：“户”原则上应以公安部门户籍登记信息为基础，同时应当符合当地申请宅基地建房的条件。根据户籍登记信息无法认定的，可参考当地农村集体土地家庭承包中承包集体土地的农户情况，结合村民自治方式予以认定。

35. 宅基地超面积如何登记?

农民集体经济组织成员经批准建房占用宅基地的，按照批准面积予以确权登记。未履行批准手续建房占用宅基地的，地方有规定的，按地方规定办理。地方未作规定的，按照《国土资源部关于进一步加快宅基地和集体建设用地确权登记发证有关问题的通知》（国土资发〔2016〕191 号）规定的分阶段处理原则办理：

1982 年《村镇建房用地管理条例》实施前，农民集体经济组织成员建房占用的宅基地，范围在《村镇建房用地管理条例》实施后至今未扩大的，无论是否超过其后当地规定面积标准，均按实际使用面积予以确权登记。

1982 年《村镇建房用地管理条例》实施起至 1987 年《土地管理法》实施时止，农民集体经济组织成员建房占用的宅基地，超过当地规定面积标准的，超过面积按国家和地方有关规定处理的结果予以确权登记。

1987 年《土地管理法》实施后，农民集体经济组织成员建房占用的宅基地，超过批准面积建设的，不予确权登记。符合规划经依法处理予以保留的，在补办相关用地手续后，只登记批准部分，超出部分在登记簿和证书中注记。

历史上接受转让、赠与房屋占用的宅基地超过当地规定面积标准的，按照转让、赠与行为发生时对宅基地超面积标准的政策规定，予以确权登记。

盛廷提示

“一户一宅”规定的目的在于保障农村村民住房用地需求的同时，遏制宅基地无序扩张和乱占耕地建房的行为。

三十一　申请到宅基地使用权就可以建房了吗？

案例故事

张吕州有四个儿子，最近大儿子要结婚了，他向村里申请了一块宅基地准备给大儿子建婚房。拿到宅基地批准书后，他就开建了。根据设想，他要给儿子建一个五层高的楼房，车库、工具房一应俱全。可是他刚刚打好地基，镇里就来人了，告诉他没有准建手续，立即停工。张吕州就纳闷了，自己已经有了镇里的批文了，怎么就不能建了呢？

案例解析

张吕州取得宅基地批准书，只是说明他可以用这块地了，但是能不能建房、怎么建房，仍然需要取得相关许可。

宅基地获批后，国土资源所及镇社会事务办公室到实地批放宅基地，并发放选址意见书、规划许可证、施工许可证；村民住宅建成后，国土资源所到实地检查是否按批准面积和要求使用土地，对符合要求的建房户核发集体土地使用证书；村民凭土地使用证及规划许可证申请办理房屋所有权证。

农村宅基地建房不能随便建，而是有着严格要求的。主要有以下两个方面：

（1）面积、高度等数据不能超标。建房面积和高度，不同地区有不同的规定，因此，住宅面积标准要遵循当地的建房标准。

（2）“三到场”要求。根据《关于规范农村宅基地审批管理的通知》要求，在宅基地的村级审查与乡镇审批两个阶段进行两次公示，严格用地建房全过程管理，全面落实“三到场”要求，即宅基地申请审查到场，批准后丈量批放到场，住宅建成后核查到场。

法律依据

《中华人民共和国土地管理法》

第六十二条　农村村民一户只能拥有一处宅基地，其宅基地的面积不得超过省、自治区、直辖市规定的标准。

人均土地少、不能保障一户拥有一处宅基地的地区，县级人民政府在充分尊重农村村民意愿的基础上，可以采取措施，按照省、自治区、直辖市规定的标准保障农村村民实现户有所居。

农村村民建住宅，应当符合乡（镇）土地利用总体规划、村庄规划，不得占用永久基本农田，并尽量使用原有的宅基地和村内空闲地。编制乡（镇）土地利用总体规划、村庄规划应当统筹并合理安排宅基地用地，改善农村村民居住环境和条件。

农村村民住宅用地，由乡（镇）人民政府审核批准；其中，涉及占用农用地的，依照本法第四十四条的规定办理审批手续。

农村村民出卖、出租、赠与住宅后，再申请宅基地的，不予批准。

国家允许进城落户的农村村民依法自愿有偿退出宅基地，鼓励农村集体经济组织及其成员盘活利用闲置宅基地和闲置住宅。

国务院农业农村主管部门负责全国农村宅基地改革和管理有关工作。

《农业农村部、自然资源部关于规范农村宅基地审批管理的通知》（农经发〔2019〕6号）

（三）严格用地建房全过程管理

全面落实“三到场”要求。收到宅基地和建房（规划许可）申请后，乡镇政府要及时组织农业农村、自然资源部门实地审查申请人是否符合条件、拟用地是否符合规划和地类等。经批准用地建房的农户，应当在开工前向乡镇政府或授权的牵头部门申请划定宅基地用地范围，乡镇政府及时组织农业农村、自然资源等部门到现场进行开工查验，实地丈量批放宅基地，确定建房位置。农户建房完工后，乡镇政府组织相关部门进行验收，实地检查农户是否按照批准面积、四至等要求使用宅基地，是否按照批准面积和规划要求建设住房，并出具《农村宅基地和建房（规划许可）验收意见表》。通过验收的农户，可以向不动产登记部门申请办理不动产登记。各地要依法组织开展农村用地建房动态巡查，及时发现和处置涉及宅基地使用和建房规划的各类违法违规行为。指导村级组织完善宅基地民主管理程序，探索设立村级宅基地协管员。

盛廷提示

随着农村逐渐完善对宅基地的管理，申请到宅基地后按照自己意愿建房已经成为过去时了。建房前一定要遵守相关法律法规及程序，办好手续。

三十二　村里以“没有地”为由不批宅基地，合法吗？

案例故事

根生老汉有两个儿子，老大已经结婚生子，老二也已经22岁了，可是老二的婚事一直让他愁眉不展。这两年老二也没少相亲，但是女孩儿都要求老二有单独的住房，不能跟一家子人挤在一起。根生老汉去找村主任，想要一块地方给老二建房，村主任却跟他说，现在村里申请建房的人很多，都排着队呢，村里没有空闲地方了，田里又不让建房，他也没办法。这可愁坏了根生老汉，老二难道要因为没房打光棍了吗？

案例解析

在农村宅基地审批中，很多农民朋友都会遇到根生老汉这样的难题。比如村干部说，村里没有空闲地了，你等着吧；你家没有分户，还是一家，不符合“一户一宅”的规定，不能批；想批宅基地先交土地占用费；等等。其实，上述种种说法都是站不住脚的。

在我国，宅基地是保障农民安居乐业和农村社会稳定的重要基础。宅基地有很强的人身属性和基础保障性质，必须保障农民“住有所居”。一些地方以没有地、不符合条件为由，拒绝农民合法合理的宅基地用地需求，既不合法，也不合理。根据《土地管理法》的相关规定，即使是用地确实紧张、不能保证“一户一宅”的地方，也要保障农村村民户有所居，不能让农民流离失所。农业农村部、自然资源部等也都出台了保障农民宅基地用地的相关通知，因此以“没有地”为由不给农民批宅基地，在法律上是站不住脚的。

法律依据

《中华人民共和国土地管理法》

第六十二条　农村村民一户只能拥有一处宅基地，其宅基地的面积不得超过省、自治区、直辖市规定的标准。

人均土地少、不能保障一户拥有一处宅基地的地区，县级人民政府在充分尊重农村村民意愿的基础上，可以采取措施，按照省、自治区、直辖市规定的标准保障农村村民实现户有所居。

农村村民建住宅，应当符合乡（镇）土地利用总体规划、村庄规划，不得占用永久基本农田，并尽量使用原有的宅基地和村内空闲地。编制乡（镇）土地利用总体规划、村庄规划应当统筹并合理安排宅基地用地，改善农村村民居住环境和条件。

《中央农村工作领导小组办公室　农业农村部关于进一步加强农村宅基地管理的通知》（中农发〔2019〕11号）

三、严格落实“一户一宅”规定

宅基地是农村村民用于建造住宅及其附属设施的集体建设用地，包括住房、附属用房和庭院等用地。农村村民一户只能拥有一处宅基地，面积不得超过本省、自治区、直辖市规定的标准。农村村民应严格按照批准面积和建房标准建设住宅，禁止未批先建、超面积占用宅基地。经批准易地建造住宅的，应严格按照“建新拆旧”要求，将原宅基地交还村集体。农村村民出卖、出租、赠与住宅后，再申请宅基地的，不予批准。对历史形成的宅基地面积超标和“一户多宅”等问题，要按照有关政策规定分类进行认定和处置。人均土地少、不能保障一户拥有一处宅基地的地区，县级人民政府在充分尊重农民意愿的基础上，可以采取措施，按照省、自治区、直辖市规定的标准保障农村村民实现户有所居。

《自然资源部、农业农村部关于保障农村村民住宅建设合理用地的通知》(自然资发〔2020〕128号)

一、计划指标单列。各省级自然资源主管部门会同农业农村主管部门，每年要以县域为单位，提出需要保障的农村村民住宅建设用地计划指标需求，经省级政府审核后报自然资源部。自然资源部征求农业农村部意见后，在年度全国土地利用计划中单列安排，原则上不低于新增建设用地计划指标的5%，专项保障农村村民住宅建设用地，年底实报实销。当年保障不足的，下一年度优先保障。

二、改进农村村民住宅用地的农转用审批。对农村村民住宅建设占用农用地的，在下达指标范围内，各省级政府可将《土地管理法》规定权限内的农用地转用审批事项，委托县级政府批准。

三、加强规划管控。在县、乡级国土空间规划和村庄规划中，要为农村村民住宅建设用地预留空间。已有村庄规划的，要严格落实。没有村庄规划的，要统筹考虑宅基地规模和布局，与未来规划做好衔接。要优先利用村内空闲地，尽量少占耕地。

四、统一落实耕地占补平衡。对农村村民住宅建设占用耕地的，县级自然资源主管部门要通过储备补充耕地指标、实施土地整治补充耕地等多种途径统一落实占补平衡，不得收取耕地开垦费。县域范围确实无法落实占补平衡的，可按规定在市域或省域范围内落实。

五、严格遵守相关规定。农村村民住宅建设要依法落实“一户一宅”要求，严格执行各省（自治区、直辖市）规定的宅基地标准，不得随意改变。注意分户的合理性，做好与户籍管理的衔接，不得设立互为前置的申请条件。人均土地少、不能保障一户拥有一处宅基地的地区，可以按照《土地管理法》采取措施，保障户有所居。充分尊重农民意愿，不提倡、不鼓励在城市和集镇规划区外拆并村庄、建设大规模农民集中居住区，不得强制农民搬迁和上楼居住。宅基地审批要严格落实《农业农村部、自然资源部关于规范农村宅基地审批管理的通知》（农经发〔2019〕6号）。

盛廷提示

依法获得宅基地是农民的一项基本权利。在村里有地的情况下，有关部门以种种借口推脱审批责任行为都是不合法的。

三十三　翻建房子必须要四邻签字吗？

案例故事

欧郎向当地政府申请了危房翻盖，房屋新建手续批准后，邻居欧宝多次阻挠他翻盖新房，导致欧郎一家无家可归，在临时搭建的雨棚中居住长达5年之久。后来，欧郎居住的雨棚因台风倒塌，雨棚残片掉入邻居欧宝家中，双方因此发生争执。多年的积怨让欧郎丧失理智，砍死邻居欧宝家2人，砍伤3人，酿成悲剧。那么农民建房是不是必须邻居签字同意？

案例解析

宅基地申请必须有四邻签字才能审批，没有法律依据。

我国的相关法律法规并没有宅基地申请必须四邻签字才能批准颁证的规定。农村宅基地分配实行农户申请、村组审核、乡镇审批。宅基地申请审批流程包括农户申请、村民小组会讨论通过并公示、村级组织开展材料审核、乡镇部门审查、乡镇政府审批、发放宅基地批准书等环节。

一些地方要求农民建房必须四邻签字，实际是自定的“土政策”，其目的是避免因建房引起邻里纠纷，但是在实际执行中很容易变成少数人要挟邻居的筹码，反而引起了更多的邻里纠纷。

因此，只要农民符合条件、提出申请，经批准后即可修建房屋。邻居可以在公示期间提出异议，如果建房影响其采光、通风、排水等，双方可以协商、调解或者通过诉讼解决。这已经给了其充分的救济渠道，在申请人获得批准后不能再以自己没签字阻碍建房。

法律依据

《农业农村部、自然资源部关于规范农村宅基地审批管理的通知》（农经发〔2019〕6号）

二、依法规范农村宅基地审批和建房规划许可管理

……

（一）明确申请审查程序

符合宅基地申请条件的农户，以户为单位向所在村民小组提出宅基地和建房（规划许可）书面申请。村民小组收到申请后，应提交村民小组会议讨论，并将申请理由、拟用地位置和面积、拟建房层高和面积等情况在本小组范围内公示。公示无异议或异议不成立的，村民小组将农户申请、村民小组会议记录等材料交村集体经济组织或村民委员会（以下简称村级组织）审查。村级组织重点审查提交的材料是否真实有效、拟用地建房是否符合村庄规划、是否征求了用地建房相邻权利人意见等。审查通过的，由村级组织签署意见，报送乡镇政府。没有分设村民小组或宅基地和建房申请等事项已统一由村级组织办理的，农户直接向村级组织提出申请，经村民代表会议讨论通过并在本集体经济组织范围内公示后，由村级组织签署意见，报送乡镇政府。

盛廷提示

在经过法定程序审批获得的宅基地上建房无须四邻签字。

三十四 邻居建的房子挡住了自家院子的采光该怎么办？

案例故事

王大花前面的邻居建了一座三层小楼，高度超过了 10 米，又在上面加盖了 1.5 米高的女儿墙，造成王大花家西配房完全见不到光，正屋在冬季的时候也只有中午能照到一会儿阳光，整个院子在冬季都没有光照。虽然前面邻居家的房子有村里和镇里的审批，但是王大花觉得邻居家的房子严重影响了自家的采光，她能要求邻居拆除女儿墙吗？

案例解析

王大花可以要求邻居拆除房顶的女儿墙，或者把女儿墙改为护栏，以保证自家生活的房屋和院子的采光。王大花所行使的是我国法律规定赋予不动产权利人的救济权利——相邻权。

如果邻居建房影响到自家采光，可以要求邻居排除妨害或者消除危险。

相邻权指不动产的所有人或使用人在处理相邻关系时所享有的权利。在相邻关系纠纷中，被侵害的并不是相邻权，而是相邻权所要救济的原权——不动产所有权或使用权。相邻权纠纷发生在相邻关系人之间，相邻关系包括土地相邻关系、水流相邻关系、环境相邻关系、建筑物相邻关系、施工相邻关系、有害物排放关系等。

在农村相邻关系纠纷中，如下类型比较常见：

（1）排水纠纷。由于农村地面淌水（排水）多数是通过沟、渠来完成的，相邻一方为了自己方便，未能考虑到另一方，往往因截水、排水而引起纠纷。

（2）通行纠纷。由于农民在老房翻建过程中没有统一的规划，甚至超出房屋主管部门的许可范围搭建违章建筑，占用了邻居的公用通道，影响另一方通行，从而引起通行、通道纠纷。

（3）通风、采光纠纷。由于农村建房，大多数没有标准图纸和规划，为建房的高度和房与房之间的间距发生矛盾，从而引起相邻的通风、采光纠纷。

（4）堆放物纠纷。由于相邻房前屋后没有明确的界址，杂物的堆放随意性很大，影响相邻关系，从而引起公用地堆放物纠纷。

虽然相邻关系纠纷都是乡里乡亲之间的一些小事儿，但是如果处理不当可能引起更深层次的矛盾。如何更好地处理相邻权纠纷呢？我们在与邻居相处时，要把握好如下两个原则：

（1）互谅互让、互助团结。发生争议时本着互谅互让、有利团结的精神协商解决；协商不成的，可以申请调解，或者诉至人民法院解决。以邻为壑、损人利己，不仅不利于矛盾的解决，也会损害相邻关系人在农村的名声。

（2）有利生产、方便生活。例如因排水引发的纠纷，如果该排水通道是历史上就有的且是邻居最便利的排水通道，在不影响正常生活的情况下应继续让邻居使用。

如不能正确处理好邻里间的关系，则必然会影响大家的生产和生活，严重的甚至会造成人身伤亡和重大财产损害，影响社会生产和生活秩序的稳定。

法律依据

《中华人民共和国民法典》

第二百八十八条　不动产的相邻权利人应当按照有利生产、方便生活、团结互助、公平合理的原则，正确处理相邻关系。

第二百八十九条　法律、法规对处理相邻关系有规定的，依照其规定；法律、法规没有规定的，可以按照当地习惯。

第二百九十条　不动产权利人应当为相邻权利人用水、排水提供必要的便利。

对自然流水的利用，应当在不动产的相邻权利人之间合理分配。对自然流水的排放，应当尊重自然流向。

第二百九十一条　不动产权利人对相邻权利人因通行等必须利用其土地的，应当提供必要的便利。

第二百九十二条　不动产权利人因建造、修缮建筑物以及铺设电线、电缆、水管、暖气和燃气管线等必须利用相邻土地、建筑物的，该土地、建筑物的权利人应当提供必要的便利。

第二百九十三条　建造建筑物，不得违反国家有关工程建设标准，不得妨碍相邻建筑物的通风、采光和日照。

第二百九十四条　不动产权利人不得违反国家规定弃置固体废物，排放大气污染物、水污染物、土壤污染物、噪声、光辐射、电磁辐射等有害物质。

第二百九十五条　不动产权利人挖掘土地、建造建筑物、铺设管线以及安装设备等，不得危及相邻不动产的安全。

第二百九十六条　不动产权利人因用水、排水、通行、铺设管线等利用相邻不动产的，应当尽量避免对相邻的不动产权利人造成损害。

《城市居住区规划设计规范》（GB 50180—2018）

表 5.0.2-1　住宅建筑日照标准

建筑气候区划	Ⅰ，Ⅱ，Ⅲ，Ⅶ气候区		Ⅳ气候区		Ⅴ，Ⅵ气候区
城区常住人口（万人）	≥50	<50	≥50	<50	无限定
日照标准日	大寒日			冬至日	
日照时数（h）	≥2	≥3		≥1	
有效日照时间带（当地真太阳时）	8时~16时			9时~15时	
计算起点	底层窗台面				

注：底层窗台面是指距室内地坪0.9m高的外墙位置。

盛廷提示

友善、和谐的邻里关系，不仅对居者有益，还直接关系到子孙后代的成长及生活环境。如果采光影响个人居住，协商无果，村民可以去法院起诉，维护自己合法权益。

三十五　建房需要运输建材，邻居不让从他门口经过怎么办？

案例故事

陈小二在村里有自己的宅基地，为了改善住房条件，他准备翻建房屋。但是因之前与隔壁邻居王大虎有过纠纷，所以王大虎以门前一大片地是他家的为由，不让陈小二运送建筑材料的车辆通行，导致很多建筑材料只能手提肩挑，影响了陈小二盖房进程。双方多次沟通调解未果，陈小二想知道：他能告王大虎吗？

案例解析

陈小二与王大虎协商解决或者陈小二请求村里调解无法解决，他可以到法院起诉王大虎。

上述案例是比较典型的邻地通行案例。

1. 了解邻地通行权的概念。

邻地通行权，又称“必要通行权”“相邻通行权”，是指由于地理条件的限制，一方必须利用相邻一方所有或者使用的土地，取得通行等权利。例如，土地与公共道路无适宜通路，致使土地不能正常使用时，土地所有人或使用人有权通过周围他人土地，其周围土地的所有人或使用人则负有忍受通行的义务。此类通行权系法律对相邻通行关系最低限度的调节，属于相邻权的一种。

2. 邻地通行权也是受到一定限制的。主要有以下四种限制：

（1）通过邻地时，应当选择最为经济合理的路线。

（2）要求注意保护邻地的财产。

（3）因客观环境发生变化可以改道通行时，应改由其他更为经济的线路通行。

（4）因通行等给不动产权利人造成损失的，应予赔偿。

3. 化解邻地通行纠纷有三种方式。

处理因通行等引起的相邻关系纠纷，在程序上，通常有自行和解、调解、司法处理三种途径。当事人协商或者调解不成的，可以向人民法院提起民事诉讼。在实际过程中，因通行造成损失的，应当给予适当补偿；对于一方所有的或者使用的建筑物范围内历史形成的必经通道，所有权人或者使用权人不得堵塞；因堵塞影响他人生产、生活的，他人可以要求排除妨碍或者恢复原状；有条件另开通道的，也可以另开通道。

法律依据

《中华人民共和国民法典》

第二百八十八条　不动产的相邻权利人应当按照有利生产、方便生活、团结互助、公平合理的原则，正确处理相邻关系。

第二百八十九条　法律、法规对处理相邻关系有规定的，依照其规定；法律、法规没有规定的，可以按照当地习惯。

第二百九十一条　不动产权利人对相邻权利人因通行等必须利用其土地的，应当提供必要的便利。

第二百九十二条　不动产权利人因建造、修缮建筑物以及铺设电线、电缆、水管、暖气和燃气管线等必须利用相邻土地、建筑物的，该土地、建筑物的权利人应当提供必要的便利。

盛廷提示

“千里修书只为墙，让他三尺又何妨?”作为邻里乡亲，应和睦相处，以礼相待，合理沟通，互相包容理解，妥善化解纠纷。

三十六　可以在自己家的承包地上建房吗?

案例故事

2012年，李承建所在的村子被征收拆迁，他两个儿子的房子也在征收范围内。拆迁安置补偿协议下发之后李承建发现，他两个儿子的房子不能按照宅基地的方式进行补偿。理由是他两个儿子在承包地上建房违法，不能给予正常的补偿。老李心想，全家十口人，当初为了解决住房问题，迫不得已让一个儿子在自己家承包地盖了房，另一个儿子在买来的承包地上建了房。为啥别人家的房子就有赔偿，自己家的就没有呢?

案例解析

李承建在耕地上建房是违反《土地管理法》的。耕地上建的房屋被认定为违建，对其拆除不仅没有补偿，还可能面临其他行政处罚。

对于耕地建房进行严格限制，是出于保护耕地、保护14亿人的“米袋子”而制定的政策。如果土地利用没有任何节制，不仅会造成土地资源的浪费，更会危及14亿人的粮食安全。

根据《土地管理法》的相关规定，我国土地分为农用地、建设用地和未利用地。宅基地属于集体建设用地，必须依法定程序申请。在耕地上建房，必须办理农用地转建设用地审批，否则就是违法占地，面临房屋被拆除的风险。

法律依据

《中华人民共和国土地管理法》

第四条 国家实行土地用途管制制度。

国家编制土地利用总体规划，规定土地用途，将土地分为农用地、建设用地和未利用地。严格限制农用地转为建设用地，控制建设用地总量，对耕地实行特殊保护。

前款所称农用地是指直接用于农业生产的土地，包括耕地、林地、草地、农田水利用地、养殖水面等；建设用地是指建造建筑物、构筑物的土地，包括城乡住宅和公共设施用地、工矿用地、交通水利设施用地、旅游用地、军事设施用地等；未利用地是指农用地和建设用地以外的土地。

使用土地的单位和个人必须严格按照土地利用总体规划确定的用途使用土地。

第七十五条 违反本法规定，占用耕地建窑、建坟或者擅自在耕地上建房、挖砂、采石、采矿、取土等，破坏种植条件的，或者因开发土地造成土地荒漠化、盐渍化的，由县级以上人民政府自然资源主管部门、农业农村主管部门等按照职责责令限期改正或者治理，可以并处罚款；构成犯罪的，依法追究刑事责任。

《自然资源部、农业农村部关于农村乱占耕地建房“八不准”的通知》（自然资发〔2020〕127号）

各省、自治区、直辖市自然资源主管部门、农业农村（农牧）厅（局、委），新疆生产建设兵团自然资源局、农业农村局：

近年来，一些地方农村未经批准违法乱占耕地建房问题突出且呈蔓延势头，尤其是强占多占、非法出售等恶意占地建房（包括住宅类、管理类、工商业类等各种房屋）行为，触碰了耕地保护红线，威胁国家粮食安全。习近平总书记等中央领导同志高度重视，多次作出重要指示批示。为贯彻落实党中央、国务院决策部署，坚决遏制农村乱占耕地建房行为，根据法律法规和有关政策，现就农村建房行为进一步明确“八不准”。通知如下：

一、不准占用永久基本农田建房。

二、不准强占多占耕地建房。

三、不准买卖、流转耕地违法建房。

四、不准在承包耕地上违法建房。

五、不准巧立名目违法占用耕地建房。

六、不准违反“一户一宅”规定占用耕地建房。

七、不准非法出售占用耕地建的房屋。

八、不准违法审批占用耕地建房。

各地要深刻认识耕地保护的极端重要性，向社会广泛公告、宣传“八不准”相关规定。地方各级自然资源、农业农村主管部门要在党委和政府的领导下，完善土地执法监管体制机制，加强与纪检监察、法院、检察院和公安机关的协作配合，采取多种措施合力强化日常监管，务必坚决遏制新增农村乱占耕地建房行为。对通知下发后出现的新增违法违规行为，各地要以“零容忍”的态度依法严肃处理，该拆除的要拆除，该没收的要没收，该复耕的要限期恢复耕种条件，该追究责任的要追究责任，做到“早发现、早制止、严查处”，严肃追究监管不力、失职渎职、不作为、乱作为问题，坚决守住耕地保护红线。

盛廷提示

耕地建房违反我国土地用途管制制度，如果想占用耕地建房，必须办理农用地转建设用地审批。

三十七 超过当地宅基地面积标准的部分要收费吗？

案例故事

佟少安家的宅基地包括院落在内，有将近1亩地，院子大的好处就是自己在院子里种菜、放农具、放拖拉机特别方便，像他家这样的大宅院在村里已经没有几家了。最近，村主任找他说，县里来人通知了，要对这样的大宅院进行处理，他家要么让出400平方米给别的村民建房，要么超出的部分按照平方米交钱。佟少安想问，这样收费合理吗？宅基地不都是免费使用吗？

案例解析

根据相关规定，各试点地区可以探索农村宅基地有偿使用模式。因此，如果佟少安家属于试点地区，进行适当收费也是合法的。

尽管《土地管理法》规定了“一户一宅”的原则，为避免农村集体建设用地无序扩张、侵占耕地提供了法律保障，但是在农村地区仍然存在着由历史原因形成的超大面积宅基地，形成所谓的“一户大宅”。一方面，有的大宅院占地面积多达1亩多甚至数亩，另一方面，农村还存在着宅基地用地紧张的状况，很多农户因为没有可供使用的建设用地，而去占用耕地建房。因此，此项政策与“一户一宅”、闲置宅基地有偿退出等政策一样，超占宅基地面积有偿使用，收取一定的费用，同样是鼓励超占宅基地的退出。

目前，宅基地超占有偿收费只是在部分地区试点，收费模式也各不相同。例如，浙江省义乌市将有偿使用与处理农村住房历史遗留问题相结合，对严重违法的住房依法拆除，对轻微违法住房纳入有偿使用范围，按照农村宅基地的基准地价，一次性收取20年的有偿使用费；四川省泸县对超标准的部分按180元/平方米的标准收取有偿使用费，而对农户新建房屋申请使用宅基地面积小于法定标准的部分给予农户100元/平方米的奖励；重庆市大足区对超标准的部分实行"阶梯式"有偿使用收费模式。

法律依据

中共中央办公厅、国务院办公厅印发《关于农村土地征收、集体经营性建设用地入市、宅基地制度改革试点工作的意见》（2015年1月）

由农村集体经济组织主导，探索农村宅基地有偿使用模式。

中共中央办公厅　国务院办公厅印发《深化农村改革综合性实施方案》（2015年11月）

二、关键领域和重大举措

（一）深化农村集体产权制度改革

1. 深化农村土地制度改革。

一是开展农村土地征收、集体经营性建设用地入市、宅基地制度改革试点。及时总结经验、不断完善，形成可复制、可推广的改革成果。农村土地征收制度改革的基本思路是：缩小土地征收范围，规范土地征收程序，完善对被征地农民合理、规范、多元保障机制，建立兼顾国家、集体、个人的土地增值收益分配机制，合理提高个人收益。集体经营性建设用地制度改革的基本思路是：允许土地利用总体规划和城乡规划确定为工矿仓储、商服等经营性用途的存量农村集体建设用地，与国有建设用地享有同等权利，在符合规划、用途管制和依法取得的前提下，可以出让、租赁、入股，完善入市交易规则、服务监管制度和土地增值收益的合理分配机制。宅基地制度改革的基本思路是：在保障农户依法取得的宅基地用益物权基础上，改革完善农村宅基地制度，探索农民住房保障新机制，对农民住房财产权作出明确界定，探索宅基地有偿使用制度和自愿有偿退出机制，探索农民住房财产权抵押、担保、转让的有效途径。

《国务院关于农村土地征收、集体经营性建设用地入市、宅基地制度改革试点情况的总结报告》（2018 年 12 月 23 日在第十三届全国人民代表大会常务委员会第七次会议上）

二、改革试点中涉及的重点问题和修法建议

（三）关于宅基地管理制度。

三是探索宅基地有偿使用和自愿有偿退出机制。《意见》要求，对因历史原因形成超标准占用宅基地和一户多宅的，以及非本集体经济组织成员通过继承房屋等占有的宅基地，由农村集体经济组织主导，探索有偿使用。允许进城落户农民在本集体经济组织内部自愿有偿退出或转让宅基地。试点实践中，试点地区对宅基地有偿使用和自愿有偿退出做了多种尝试。如湖北宜城依据宅基地使用对象的身份及宅基地利用现状，对超占部分按照时段、面积、区域等标准收取有偿使用费；云南大理对利用宅基地上住房从事客栈餐饮等经营活动的由集体按使用面积收取土地收益金；江西余江、安徽金寨对退出宅基地或放弃建房进城购房的农户实行购房补贴；宁夏平罗探索建立农村老年人“以地养老”模式，允许农村老人自愿将宅基地、房屋、承包经营权退回集体，置换养老服务。因此，建议：原则规定鼓励进城落户的农村村民依法自愿有偿退出宅基地。

盛廷提示

“一户大宅”不仅造成了土地资源的浪费，而且容易形成农民宅基地占有和使用的不公。

三十八 没有审批的宅基地能不能确权？

案例故事

最近村里大喇叭喊村民拿着建房的审批手续到村部进行登记，县里要给农民的房子发房本了。刘满根有点发愁，因为满根家的房子是他父亲在 20 世纪 80 年代末修建的，当时也没有什么手续，就是跟当时的队干部和村主任说了一下，他们拿着皮尺来给定了一下位就开建了。那时候村里都是这么建房的，跟他家情况相同的还有好几十户。他们现在想知道自己家的房子还能给发房本吗？

案例解析

这种情况下，应该对刘满根的房子进行确权并颁发确权证。

在农村地区，特别是2000年之前，各地对于农民建房并没有特别严格的规范，也没有明确的规定，干部一把尺，泥水匠一把瓦刀，房子就建起来了，不需要谁审批，也不知道找谁审批；农民不知道怎么申请，干部也不知道怎么批，因此形成了很多没有审批手续的房子。但是，这些房子都是农民唯一的住房，如果一律不予确权发证，不利于农民财产权益的保护，也不利于农民安居乐业，实现共同富裕。因此，对于出于历史原因造成的无审批手续的房屋，应当予以确权。

法律依据

自然资源部办公厅关于印发《宅基地和集体建设用地使用权确权登记工作问答》的函（自资函办〔2020〕1344号）

32. 没有权属来源材料的宅基地如何确权登记？

根据《国土资源部关于进一步加快宅基地和集体建设用地确权登记发证有关问题的通知》（国土资发〔2016〕191号）和《农业农村部、自然资源部关于规范宅基地审批管理的通知》（农经发〔2019〕6号）有关规定，对于没有权属来源材料的宅基地，应当查明土地历史使用情况和现状，由所在农民集体经济组织或村民委员会对宅基地使用权人、面积、四至范围等进行确认后，公告30天无异议或异议不成立的，由所在农民集体经济组织或村委会出具证明，并经乡（镇）人民政府审核批准，属于合法使用的，予以确权登记。

《国土资源部关于进一步加快宅基地和集体建设用地确权登记发证有关问题的通知》（国土资发〔2016〕191号）

十、规范没有土地权属来源材料的宅基地、集体建设用地确权登记程序。对于没有权属来源材料的宅基地，应当查明土地历史使用情况和现状，由所在农民集体或村委会对宅基地使用权人、面积、四至范围等进行确认后，公告30天无异议，并出具证明，经乡（镇）人民政府审核，报县级人民政府审定，属于合法使用的，予以确权登记。

盛廷提示

对农民宅基地、房屋进行确权，是为了更好地保护农民的合法财产权益，因此对历史形成的、非农民原因造成的无权属来源的房子，应该给予确权。

三十九　全家进城落户后宅基地还能确权吗？要收回吗？

案例故事

因为在城里做生意，加上孩子在城里读书，鹿鸣五年前把全家户口迁到了城里。最近，他听堂哥说村里正在进行宅基地和房子确权，正在挨家挨户测量，让他赶紧回趟家。等他回去后，村主任说，你们现在不是农村户口了，不能确权发证，并且过几年村里还要把宅基地收回，给没有宅基地的农户建房。鹿鸣想问：这样做合法吗？

案例解析

即使鹿鸣全家进城落户，宅基地依然应当依法确权，并且不能收回。

如今，因为外出打工、就学等，很多农民都到城里买了房子，还把户口迁到了城里。为了追求更好的生活而进城，并不意味着要放弃在农村的财产。进城落户农民合法拥有的房屋等财产权必须保障。强制进城落户农民退出宅基地是对其合法财产权的侵害。

法律依据

《中华人民共和国土地管理法实施条例》

第三十六条　依法取得的宅基地和宅基地上的农村村民住宅及其附属设施受法律保护。

禁止违背农村村民意愿强制流转宅基地，禁止违法收回农村村民依法取得的宅基地，禁止以退出宅基地作为农村村民进城落户的条件，禁止强迫农村村民搬迁退出宅基地。

自然资源部办公厅关于印发《宅基地和集体建设用地使用权确权登记工作问答》的函（自资函办〔2020〕1344号）

38. 农民进城落户后其宅基地能不能确权登记？

《中共中央　国务院关于实施乡村振兴战略的意见》（中发〔2018〕1号）明确要求，依法维护进城落户农民的宅基地使用权、土地承包经营权、集体收益分配权，引导进城落户农民依法自愿有偿退出上述权益，不得以退出承包地和宅基地作为农民进城落户条件。《国土资源部关于进一步加快宅基地和集体建设用地确权登记发证有关问题的通知》（国土资发〔2016〕191号）规定，农民进城落户后，其原合法取得的宅基地使用权应予以确权登记。

《国土资源部关于进一步加快宅基地和集体建设用地确权登记发证有关问题的通知》（国土资发〔2016〕191号）

八、依法维护农村妇女和进城落户农民的宅基地权益。

农村妇女作为家庭成员，其宅基地权益应记载到不动产登记簿及权属证书上。农村妇女因婚嫁离开原农民集体，取得新家庭宅基地使用权的，应依法予以确权登记，同时注销其原宅基地使用权。

农民进城落户后，其原合法取得的宅基地使用权应予以确权登记。

《中共中央　国务院关于实施乡村振兴战略的意见》
（2018年1月2日）

九、推进体制机制创新，强化乡村振兴制度性供给

（三）深入推进农村集体产权制度改革。全面开展农村集体资产清产核资、集体成员身份确认，加快推进集体经营性资产股份合作制改革。推动资源变资产、资金变股金、农民变股东，探索农村集体经济新的实现形式和运行机制。坚持农村集体产权制度改革正确方向，发挥村党组织对集体经济组织的领导核心作用，防止内部少数人控制和外部资本侵占集体资产。维护进城落户农民土地承包权、宅基地使用权、集体收益分配权，引导进城落户农民依法自愿有偿转让上述权益。研究制定农村集体经济组织法，充实农村集体产权权能。全面深化供销合作社综合改革，深入推进集体林权、水利设施产权等领域改革，做好农村综合改革、农村改革试验区等工作。

盛廷提示

农民进城落户，其拥有的房屋及房屋所占用宅基地使用权仍然是其合法财产，应当给予保护。

四十　自家建的车棚为什么不能确权？

案例故事

张志强在自家院子里建了个车棚，是钢结构彩钢板房子。最近镇里来人要确权房子，工作人员说这种车棚不算房子，不能确权，而且没有批建的手续，可能还要拆除。张志强想问，车棚能不能确权？一定要拆除吗？

案例解析

一般来说，这种简易的附属建筑是不予确权的，除非能提供符合规划或者建设的相关材料。

农民在自家院子里建设车棚、圈舍、厕所、农具房等附属建筑是很普遍的现象。这些建筑物一般都是在主体房屋建设完成后逐步建设的，农民一般也不会就这些建筑项目再单独申请规划审批。而且与居住用的主体房屋相比，附属建筑常常结构简单、功能单一、质量较低，能够满足基本的功能需求即可。

但是这种情况下，是不是一律要认定为违建并予以拆除呢？《城乡规划法》从 2008 年开始实施，在此之前建设的附属建筑虽然没有经过规划审批，但也应当属于合法建筑，应当给予确权；2008 年《城乡规划法》实施后，未经规划审批擅自加盖、建设附属建筑的，也不应一律予以拆除。附属建筑通常是为了方便生产生活，在不影响他人合法权利的情况下，不是特别严重的违法建设，无须一刀切地进行拆除。需要指出的是，如果以附属建筑之名，未经审批进行大规模的翻建、加盖，或者用于经营，存在重大安全隐患的，应该予以拆除。

法律依据

《中华人民共和国城乡规划法》

第四十一条 在乡、村庄规划区内使用原有宅基地进行农村村民住宅建设的规划管理办法，由省、自治区、直辖市制定。

第六十五条 在乡、村庄规划区内未依法取得乡村建设规划许可证或者未按照乡村建设规划许可证的规定进行建设的，由乡、镇人民政府责令停止建设、限期改正；逾期不改正的，可以拆除。

自然资源部办公厅关于印发《宅基地和集体建设用地使用权确权登记工作问答》的函（自资函办〔2020〕1344号）

44. 农村简易房、临时性建（构）筑物能不能登记？

农村简易房、圈舍、农具房、厕所等临时性建（构）筑物，没有符合规划或者建设的相关材料，一般不予登记。

盛廷提示

为了方便生产生活，农民在自己院子里进行一些简易附属设施的建设，虽然不予确权，但不宜认定为违建并予以拆除。

四十一 房子卖了宅基地还归自己吗？

案例故事

刘福的父亲30年前从刘福叔叔那里买了一套房子，由于是亲兄弟，就没有签协议。2002年，刘福结婚后，他父亲将这套宅院分给了他。最近村里遇到了拆迁，叔叔突然拿着确权的房产证和宅基地证找到刘福，说房子的补偿应该给自己，当时自己只是卖房子，没有卖宅基地，地的补偿自己要拿。刘福想知道：叔叔的说法合法吗？

案例解析

刘福叔叔的说法不合法。

农民的房子不能出售给本集体经济组织之外的人，在集体经济组织内部是可以合法转让的。在转让房屋的时候，房屋所占用的集体土地使用权必须一并转让，不存在所谓的“只卖房，不卖地”说法，也就是遵循“房地一体”“地随房走”的原则。如果没有土地，房屋建在哪里？

近些年来，因为农村房屋拆迁、土地升值等，在房屋售出后又反悔，并以“只卖房，不卖地”、合同无效等理由，要求退还房屋或宅基地、分征收补偿款的案例不在少数。因此，保证购房人的合法权益，不仅是维护其对房屋及宅基地的占有、使用等物权，也是维护诚实信用的《民法典》基本原则的应有之义。

法律依据

《中华人民共和国民法典》

第七条　民事主体从事民事活动，应当遵循诚信原则，秉持诚实，恪守承诺。

第三百五十七条　建筑物、构筑物及其附属设施转让、互换、出资或者赠与的，该建筑物、构筑物及其附属设施占用范围内的建设用地使用权一并处分。

第四百六十五条　依法成立的合同，受法律保护。

盛廷提示

“皮之不存，毛将焉附？”只卖房不卖地，无论是从合理性，还是合法性方面，都是站不住脚的。

四十二　宅基地能继承吗？

案例故事

高兴是独生子，他结婚后就和父母分户了，父母单独居住。在父母离世后，老房子失修倒塌。高兴将老宅基地清理干净后准备建房，到村委会申请的时候被告知，宅基地不能继承，父母去世后由村里收回。高兴想知道，村里的说法合法吗？

案例解析

由于高兴已经单独分户且获得了宅基地，父母过世后他可以继承父母的房屋，但是房屋倒塌后就不能再单独占用宅基地了。

根据法律规定，农村宅基地是不可以作为遗产被继承的。宅基地属于农村集体建设用地，归村集体所有，农民获得的是宅基地的使用权。当然，宅基地使用权也是不能单独继承的，必须因继承宅基地上的房屋而实际占有、使用宅基地。此外，我国《民法典》中关于可以继承的遗产范围，并不包括宅基地使用权。

在理解这项规定时要注意如下三点：第一，农村宅基地使用权不能单独继承并办理登记；第二，因农村房屋属于遗产范围，农村房屋被继承时，对应的农村宅基地使用权可以一并办理不动产转移登记；第三，农村房屋被继承时，在办理房屋及对应宅基地使用权时，并不区分继承人是否为本村村民，是否符合宅基地管理中“一户一宅”的限制条件。

法律依据

《中华人民共和国宪法》

第十条　城市的土地属于国家所有。

农村和城市郊区的土地，除由法律规定属于国家所有的以外，属于集体所有；宅基地和自留地、自留山，也属于集体所有。

《中华人民共和国土地管理法》

第九条　城市市区的土地属于国家所有。

农村和城市郊区的土地，除由法律规定属于国家所有的以外，属于农民集体所有；宅基地和自留地、自留山，属于农民集体所有。

《中华人民共和国民法典》

第一百二十四条　自然人依法享有继承权。

自然人合法的私有财产，可以依法继承。

第一千一百二十二条　遗产是自然人死亡时遗留的个人合法财产。

依照法律规定或者根据其性质不得继承的遗产，不得继承。

盛廷提示

农村宅基地（使用权）不能单独继承，必须与宅基地上的房屋一同继承。

四十三　城镇户籍子女能继承父母在农村的宅基地吗？

案例故事

1998 年，李国田大学毕业后将户口迁到工作所在的城市，后来父母分别于 2008 年、2013 年过世，留下了村里的老宅院。同村的吴力友找到李国田，想要买他的老宅子，还跟他说赶紧卖掉吧，法律规定城里人不能在农村有宅基地，不然村里会收回去的。李国田想知道，这种说法是否合法？

案例解析

城里人不能在农村购买宅基地，但是通过合法继承方式取得的，可以占有使用宅基地。

一般来说，城镇户籍的子女不能单独继承宅基地。但如果宅基地上有房屋的，城镇户籍子女可以继承该房屋，并办理不动产登记。被继承人的房屋作为其遗产由继承人继承，按照房地一体原则，继承人继承取得房屋所有权和宅基地使用权。

在农村房屋继承时，并不区分继承人是否是本村村民，是否符合“一户一宅”的规定等，仅按照遗产继承的相关法律规定确认继承人的权利。继承人继承农村房屋的，按照房地一体的原则，当然取得房屋所对应的宅基地的实际使用权利，所以在办理涉及继承农村房屋所有权转移登记时，根据不动产统一登记的规定，一并办理宅基地使用权转移登记。

通过继承取得的农村房屋所有权及宅基地使用权是合法财产权利，房屋所有权人依法对房屋进行翻建、重建乃至扩建，这是房屋所有权的应有之义。当然，如果通过继承取得的宅基地因自然灾害等灭失的，其宅基地使用权随之灭失，继承人无权要求重新分配宅基地。

法律依据

《中华人民共和国民法典》

第一百二十四条　自然人依法享有继承权。

自然人合法的私有财产，可以依法继承。

《国土资源部、中央农村工作领导小组办公室、财政部、农业部关于农村集体土地确权登记发证的若干意见》（国土资发〔2011〕178号）

六、已拥有一处宅基地的本农民集体成员、非本农民集体成员的农村或城镇居民，因继承房屋占用农村宅基地的，可按规定登记发证，在《集体土地使用证》记事栏应注记“该权利人为本农民集体原成员住宅的合法继承人”。

国土资源部关于印发《不动产登记操作规范（试行）》的通知（国土资规〔2016〕6号）

10.3.5　已拥有一处宅基地的本集体经济组织成员、非集体经济组织成员的农村或城镇居民，因继承取得宅基地使用权及房屋所有权的，在不动产权属证书附记栏记载该权利人为本农民集体原成员住宅的合法继承人。

自然资源部对十三届全国人大三次会议第3226号建议的答复

六、关于农村宅基地使用权登记问题。农民的宅基地使用权可以依法由城镇户籍的子女继承并办理不动产登记。根据《继承法》规定，被继承人的房屋作为其遗产由继承人继承，按照房地一体原则，继承人继承取得房屋所有权和宅基地使用权，农村宅基地不能被单独继承。《不动产登记操作规范（试行）》明确规定，非本农村集体经济组织成员（含城镇居民），因继承房屋占用宅基地的，可按相关规定办理确权登记，在不动产登记簿及证书附记栏注记“该权利人为本农民集体经济组织原成员住宅的合法继承人”。

盛廷提示

城里人可以继承农村的合法房屋并办理不动产权登记证，仍然享有原宅基地的使用权。

四十四　农村宅基地可以出租吗？最长可出租多长时间？

案例故事

王乐天特别羡慕农村的闲适生活，想到农村租个宅院自己装修一下，搞个民宿，顺便赚点钱。可是当他到几个地方考察后发现，农房都太老旧，安全性堪忧。后来经过一番选择，王乐天看中了一块地，想要租下来自己建房，由于投入比较大，他想要租赁较长时间，比如50年。王乐天想知道，可以租这么长时间吗？

案例解析

根据法律规定，王乐天不能在农村租地建房。

现在国家鼓励盘活利用闲置宅基地和闲置住宅，通过自主经营、合作经营、委托经营等方式，依法依规发展农家乐、民宿、乡村旅游等。但是对闲置宅基地的盘活利用必须在法律规定的范围内开展。

农村宅基地归村集体所有，由村集体成员居住使用，租赁给城市居民开农家乐建房，土地性质就变成了经营性质，即使双方签订了合同，租户申请民宿建房审批时，职权部门也不会审批，而双方签订的合同也是无效合同。因此，王乐天想要在农村租地建房是不合法的。

如何规避这个风险呢？办法就是租房，通过租赁房屋而占有土地，农民将住宅出租给他人，出租期间农村房屋所占用的宅基地使用权实际是一并出租的。但是需要注意的是，租赁房屋的最长期限不能超过20年，约定超过20年的，超过部分无效。

法律依据

《中华人民共和国民法典》

第七百零五条　租赁期限不得超过二十年。超过二十年的，超过部分无效。

租赁期限届满，当事人可以续订租赁合同；但是，约定的租赁期限自续订之日起不得超过二十年。

《中央农村工作领导小组办公室、农业农村部关于进一步加强农村宅基地管理的通知》（中农发〔2019〕11号）

五、鼓励盘活利用闲置宅基地和闲置住宅

鼓励村集体和农民盘活利用闲置宅基地和闲置住宅，通过自主经营、合作经营、委托经营等方式，依法依规发展农家乐、民宿、乡村旅游等。城镇居民、工商资本等租赁农房居住或开展经营的，要严格遵守合同法的规定，租赁合同的期限不得超过二十年。合同到期后，双方可以另行约定。

盛廷提示

农村宅基地不能单独出租，但可以通过租赁房屋的形式占有宅基地，租赁期限最长不超过20年。

四十五　村里收回宅基地的情形有哪些？

案例故事

尹良韶去年刚刚申请了一块宅基地，批下来以后因为没有钱，拖了一年多没有开工建设。最近，村主任找到他，让他尽快开工建房，要不然根据法律规定，这块宅基地批了两年没有建房，村里就得收回给他批的宅基地。尹良韶费了好大功夫才申请到的宅基地，当然不想就这样丢了。他想知道，真的有这样的规定吗？

案例解析

闲置两年就收回宅基地的说法是有一定依据的。

宅基地制度是中国特色土地制度的重要组成部分，其核心是维护农村土地集体所有和保障农民基本居住权利。这一制度安排在保障农村“户有所居、民不失所”等方面发挥了极为重要的作用，促进了农村经济发展和社会稳定。但是，也存在着住宅用地无序扩张、只增不退的情况。

根据国务院第三次全国国土调查领导小组办公室、自然资源部、国家统计局《第三次全国国土调查主要数据公报》公布的数据，在 3530. 64 万公顷城镇村及工矿用地中，城市用地 522. 19 万公顷，占 14. 79%；而村庄用地 2193. 56 万公顷，占 62. 13%，差不多是城市用地面积的 4 倍。

为遏制这种状况，相关法律法规设计了宅基地的退出与收回制度。根据相关法律法规规定，有下列情况之一的，报经县级人民政府批准，可以注销相关土地使用权证或有关批准文件，由村集体收回宅基地使用权：

（1）乡（镇）村公共设施和公益事业建设需要使用土地的，集体收回宅地基使用权，并对宅基地使用权人给予适当补偿。

（2）不按照批准的用途使用宅基地的，比如在宅基地上修建厂房。

（3）因撤销、迁移等原因而停止使用宅基地的。

(4) 空闲或房屋坍塌、拆除两年以上未恢复使用的宅基地，不再确定土地使用权。已经确定使用权的，由集体报经县级人民政府批准，注销其土地登记，收回宅基地使用权。

(5) 非农业户口居民（含华侨）原在农村的宅基地，房屋产权没有变化的，可依法确定其集体建设用地使用权。房屋拆除后没有批准重建的，集体收回宅基地使用权。

(6) 在确定农村居民宅基地使用权时，其面积超过当地政府规定标准的，可在土地登记卡和权证内注明超过标准面积的数量。以后分户建房或现有房屋拆迁、改建、翻建或政府依法实施规划重新建设时，按当地政府规定的面积标准重新确定使用权，其超过部分由集体收回使用权。

(7) 地方政府规定的其他情形。

需要注意的是，收回宅基地也必须依程序进行，不能随意收回。

法律依据

《中华人民共和国土地管理法》

第六十六条　有下列情形之一的，农村集体经济组织报经原批准用地的人民政府批准，可以收回土地使用权：

（一）为乡（镇）村公共设施和公益事业建设，需要使用土地的；

（二）不按照批准的用途使用土地的；

（三）因撤销、迁移等原因而停止使用土地的。

依照前款第（一）项规定收回农民集体所有的土地的，对土地使用权人应当给予适当补偿。

收回集体经营性建设用地使用权，依照双方签订的书面合同办理，法律、行政法规另有规定的除外。

《确定土地所有权和使用权的若干规定》
（〔1995〕国土籍字第26号）

第四十八条　非农业户口居民（含华侨）原在农村的宅基地，房屋产权没有变化的，可依法确定其集体土地建设用地使用权。房屋拆除后没有批准重建的，土地使用权由集体收回。

第五十二条　空闲或房屋坍塌、拆除两年以上未恢复使用的宅基地，不确定土地使用权。已经确定使用权的，由集体报经县级人民政府批准，注销其土地登记，土地由集体收回。

盛廷提示

宅基地闲置是对资源的巨大浪费，必要时应予以收回。

四十六　农民非法占地建房要承担什么责任？

案例故事

冯大力一家在村里只有一处宅基地。2013 年，他在外打工攒了些钱给两个儿子娶媳妇，在自己的承包地上盖了两处房子。房子刚刚建起不到一个月，正在装修的时候，就接到自然资源管理部门的通知，让他把房子拆掉，否则就要强拆。冯大力没有理会，继续装修自己的房子。几天之后，镇政府的人找上门来告诉大力，他的房子是违建，大力的行为已经触犯法律，如果不在规定时间内拆除，就要对大力进行处罚。冯大力想知道，自己的行为是不是非法占地建房？如果是，他要承担什么责任？

案例解析

冯大力在耕地上建房，已经违反了法律规定，如果占地面积超过一定标准，很可能触犯《刑法》。

依据《土地管理法》规定，未经批准占用土地建房的，由县级以上人民政府土地行政主管部门责令退还占用的土地，限期拆除在非法占地上的住宅建筑。我国实行最严格的耕地保护制度和土地管理制度，严格管控各种违法占地行为。

未经批准擅自占用耕地建房要承担哪些责任？

（1）违法建设非法占用的土地由县级以上人民政府土地行政主管部门

责令退还土地。

（2）对已建设的建筑物、建筑设施等，符合土地利用总体规划但是不合法的，要予以没收；不符合土地利用总体规划的要予以拆除。

（3）对于非法建设住宅的，不论是否违反土地利用规划，都必须拆除。

（4）如果非法占用的是耕地且数量较大的，造成大量耕地被毁，要追究刑事责任，并处五年以下有期徒刑或拘役，并处或单处罚金。

农民如何避免非法占地建房?

（1）纳入城镇的农村土地属于国家所有，建设住宅时需要经当地城管、城建等部门审批。

（2）没有纳入城镇的农村土地是集体所有，只能在宅基地上建设住宅，且有村委会等审批手续。

没有上述手续的住房均为非法占用土地。

法律依据

《中华人民共和国土地管理法》

第七十五条　违反本法规定，占用耕地建窑、建坟或者擅自在耕地上建房、挖砂、采石、采矿、取土等，破坏种植条件的，或者因开发土地造成土地荒漠化、盐渍化的，由县级以上人民政府自然资源主管部门、农业农村主管部门等按照职责责令限期改正或者治理，可以并处罚款；构成犯罪的，依法追究刑事责任。

第七十八条　农村村民未经批准或者采取欺骗手段骗取批准，非法占用土地建住宅的，由县级以上人民政府农业农村主管部门责令退还非法占用的土地，限期拆除在非法占用的土地上新建的房屋。

超过省、自治区、直辖市规定的标准，多占的土地以非法占用土地论处。

《中华人民共和国城乡规划法》

第六十五条　在乡、村庄规划区内未依法取得乡村建设规划许可证或者未按照乡村建设规划许可证的规定进行建设的，由乡、镇人民政府责令停止建设、限期改正；逾期不改正的，可以拆除。

盛廷提示

农村建房需要经过申请、审核，有关部门批准后才能进行建设，否则建设的房屋就是违章建筑，情节严重的要承担相应法律责任。

四十七　宅基地纠纷应该怎么解决？

案例故事

翟征家想要建新房，在村里和镇里的人来确定位置的时候，邻居王大壮找上门，说翟征家20世纪80年代建老房子的时候占了他家1米宽的地，现在正好要重建了，想要把地要回来。翟征认为，自家房子到底有没有占王大壮家的地不说，都占了这么多年了，应该默认归自家所有。为此两家产生了争议，翟征想问：他们该到哪里去说清楚这个问题？

案例解析

村民之间就宅基地使用权产生纠纷的，可以通过四种方式解决，分别是协商解决、调解解决、行政解决、司法解决。

（1）协商解决。公民之间发生的宅基地纠纷，应当先通过协商的方式加以解决。

（2）调解解决。在调解委员会（村民委员会）的主持下，以国家的法律、法规规章、政策和社会公德为依据，对争议当事人进行说服教育、规劝疏导，促进纠纷当事人互相谅解、平等协商，从而自愿达成协议，消除纷争。

（3）行政解决。公民之间发生的宅基地纠纷，如果双方协商不成的，可以申请政府处理，由乡级人民政府或者县级以上人民政府处理。

（4）司法解决。如果对有关人民政府的处理决定不服的，可以自接到处理决定通知之日起30日内，向人民法院起诉。

法律依据

《中华人民共和国土地管理法》

第十四条　土地所有权和使用权争议，由当事人协商解决；协商不成的，由人民政府处理。

单位之间的争议，由县级以上人民政府处理；个人之间、个人与单位之间的争议，由乡级人民政府或者县级以上人民政府处理。

当事人对有关人民政府的处理决定不服的，可以自接到处理决定通知之日起三十日内，向人民法院起诉。

在土地所有权和使用权争议解决前，任何一方不得改变土地利用现状。

盛廷提示

土地使用权争议很常见，四种解决争议的办法可以帮助农民朋友解决纷争。

四十八　闲置的宅基地如何盘活利用？

案例故事

常志毅一家 15 年前全部搬到城里居住，老家的宅子已经空置多年，房子年久失修，面临倒塌。他想要修一下，但是家里人都说也没有回去住的打算了，没必要再花钱修。最近村里的人给他打电话，说村里正在搞旅游开发，问他愿不愿意把房子包给旅游公司搞民宿。常志毅想知道，房子如果租出去，人家帮忙修房了，还能要回来吗？

案例解析

常志毅不用担心房子要不回来。

事实上，农村目前普遍存在宅基地闲置问题，国家是鼓励盘活利用的。如何盘活利用闲置宅基地？主要有如下一些方式：

（1）利用闲置住宅发展符合乡村特点的休闲农业、乡村旅游、餐饮民宿、文化体验、创意办公、电子商务等新产业新业态。

（2）利用闲置住宅发展农产品冷链、初加工、仓储等一二三产业融合发展项目。

（3）采取整理、复垦、复绿等方式，开展农村闲置宅基地整治，依法依规利用城乡建设用地增减挂钩、集体经营性建设用地入市等政策，为农民建房、乡村建设和产业发展等提供土地等要素保障。

关于宅基地盘活利用后相关权利义务的安排，比如利用方式、经营产业、租赁期限等，主要是看双方约定。但是，不能以流转闲置房屋宅基地之名，行买卖农村房屋之实。

法律依据

《农业农村部关于积极稳妥开展农村闲置宅基地和闲置住宅盘活利用工作的通知》（农经发〔2019〕4号）

二、重点工作

（一）因地制宜选择盘活利用模式。各地要统筹考虑区位条件、资源禀赋、环境容量、产业基础和历史文化传承，选择适合本地实际的农村闲置宅基地和闲置住宅盘活利用模式。鼓励利用闲置住宅发展符合乡村特点的休闲农业、乡村旅游、餐饮民宿、文化体验、创意办公、电子商务等新产业新业态，以及农产品冷链、初加工、仓储等一二三产业融合发展项目。支持采取整理、复垦、复绿等方式，开展农村闲置宅基地整治，依法依规利用城乡建设用地增减挂钩、集体经营性建设用地入市等政策，为农民建房、乡村建设和产业发展等提供土地等要素保障。

（二）支持培育盘活利用主体。在充分保障农民宅基地合法权益的前提下，支持农村集体经济组织及其成员采取自营、出租、入股、合作等多种方式盘活利用农村闲置宅基地和闲置住宅。鼓励有一定经济实力的农村集体经济组织对闲置宅基地和闲置住宅进行统一盘活利用。支持返乡人员依托自有和闲置住宅发展适合的乡村产业项目。引导有实力、有意愿、有责任的企业有序参与盘活利用工作。依法保护各类主体的合法权益，推动形成多方参与、合作共赢的良好局面。

（三）鼓励创新盘活利用机制。支持各地统筹安排相关资金，用于农村闲置宅基地和闲置住宅盘活利用奖励、补助等。条件成熟时，研究发行地方政府专项债券支持农村闲置宅基地和闲置住宅盘活利用项目。推动金融信贷产品和服务创新，为农村闲置宅基地和闲置住宅盘活利用提供支持。结合乡村旅游大会、农业嘉年华、农博会等活动，向社会推介农村闲置宅基地和闲置住宅资源。

（四）稳妥推进盘活利用示范。各地要结合实际，选择一批地方党委政府重视、农村集体经济组织健全、农村宅基地管理规范、乡村产业发展有基础、农民群众积极性高的地区，有序开展农村闲置宅基地和闲置住宅盘活利用试点示范。突出乡村产业特色，整合资源创建一批民宿（农家乐）集中村、乡村旅游目的地、家庭工场、手工作坊等盘活利用样板。总结一批可复制、可推广的经验模式，探索一套规范、高效的运行机制和管理制度，以点带面、逐步推开。

（五）依法规范盘活利用行为。各地要进一步加强宅基地管理，对利用方式、经营产业、租赁期限、流转对象等进行规范，防止侵占耕地、大拆大建、违规开发，确保盘活利用的农村闲置宅基地和闲置住宅依法取得、权属清晰。要坚决守住法律和政策底线，不得违法违规买卖或变相买卖宅基地，严格禁止下乡利用农村宅基地建设别墅大院和私人会馆。要切实维护农民权益，不得以各种名义违背农民意愿强制流转宅基地和强迫农民“上楼”，不得违法收回农户合法取得的宅基地，不得以退出宅基地作为农民进城落户的条件。对利用闲置住宅发展民宿等项目，要按照2018年中央一号文件要求，尽快研究和推动出台消防、特种行业经营等领域便利市场准入、加强事中事后监管的措施。

盛廷提示

盘活利用闲置宅基地，不能侵犯农民合法权益，不能用流转的形式规避法律买卖农村房屋。

四十九　村里可以强迫农民搬到楼房居住吗?

案例故事

最近，乡里的干部到陆金发所在的河头村丈量房子，村委会也发出了通知，要求大家配合乡干部丈量房子，以后大家都要住楼房。据传，邻近几个村的人都要搬到5公里外的河口村集体楼房居住。村委会还声称，这是国家的政策，不听的话就要强制拆房、强制搬迁。陆金发有30亩地，如果搬到5公里外的楼房，不仅种地远了，农具、粮食、车辆都没地方放。他不搬可以吗?

案例解析

陆金发有权拒绝强制搬迁。

首先需要明确的是，宅基地是农民依法获得的、保障其居住权的合法财产权益，除非经过法定程序批准进行的征收，任何试图强迫农民退出宅基地的行为，都是违法的。

近年来，随着大量农民进城务工、买房定居，以及农二代入城求学，各地出现了不少空心村、无人村，老、破、乱的旧宅缺乏维护、风雨飘摇，一定程度上造成了土地资源的浪费与安全隐患。一些地方借此机会搞起所谓的“合村并居”。

“空心化”的村庄可能会消失，但是“合村并居”应当是一个自然演变的历史进程，不应是强制性的“大拆大建”、违背意愿的“强迫上楼”。一些地方不区分实际情况、不做耐心细致的工作，强力推进、强令上楼，拆迁工作急于求成，后续政策却跟不上，一些农民房屋被拆后，住在临时搭建的板房里；一些农民虽然上了楼，但还是干农活，在田边搭窝棚；原本各有所居的农民被安置在一套单元房里，婆媳矛盾、翁婿矛盾激化……

“合村并居”改变的是农民一朝一夕的生活。作为农村这片广阔天地的主人，农民有自己的理性，他们会权衡其中的利弊得失，自己决定进城还是不进城、上楼还是不上楼。

法律依据

《中华人民共和国乡村振兴促进法》

第五十一条　县级人民政府和乡镇人民政府应当优化本行政区域内乡村发展布局，按照尊重农民意愿、方便群众生产生活、保持乡村功能和特色的原则，因地制宜安排村庄布局，依法编制村庄规划，分类有序推进村庄建设，严格规范村庄撤并，严禁违背农民意愿、违反法定程序撤并村庄。

《中华人民共和国土地管理法实施条例》

第三十六条　依法取得的宅基地和宅基地上的农村村民住宅及其附属设施受法律保护。

禁止违背农村村民意愿强制流转宅基地，禁止违法收回农村村民依法取得的宅基地，禁止以退出宅基地作为农村村民进城落户的条件，禁止强迫农村村民搬迁退出宅基地。

《中共中央　国务院关于全面推进乡村振兴加快农业农村现代化的意见》（2021年1月4日）

四、大力实施乡村建设行动

（十四）加快推进村庄规划工作。2021年基本完成县级国土空间规划编制，明确村庄布局分类。积极有序推进“多规合一”实用性村庄规划编制，对有条件、有需求的村庄尽快实现村庄规划全覆盖。对暂时没有编制规划的村庄，严格按照县乡两级国土空间规划中确定的用途管制和建设管理要求进行建设。编制村庄规划要立足现有基础，保留乡村特色风貌，不搞大拆大建。按照规划有序开展各项建设，严肃查处违规乱建行为。健全农房建设质量安全法律法规和监管体制，3年内完成安全隐患排查整治。完善建设标准和规范，提高农房设计水平和建设质量。继续实施农村危房改造和地震高烈度设防地区农房抗震改造。加强村庄风貌引导，保护传统村落、传统民居和历史文化名村名镇。加大农村地区文化遗产遗迹保护力度。乡村建设是为农民而建，要因地制宜、稳扎稳打，不刮风搞运动。严格规范村庄撤并，不得违背农民意愿、强迫农民上楼，把好事办好、把实事办实。

《中央农村工作领导小组办公室、农业农村部关于进一步加强农村宅基地管理的通知》（中农发〔2019〕11号）

六、依法保护农民合法权益

要充分保障宅基地农户资格权和农民房屋财产权。不得以各种名义违背农民意愿强制流转宅基地和强迫农民“上楼”，不得违法收回农户合法取得的宅基地，不得以退出宅基地作为农民进城落户的条件。严格控制整村撤并，规范实施程序，加强监督管理。宅基地是农村村民的基本居住保障，严禁城镇居民到农村购买宅基地，严禁下乡利用农村宅基地建设别墅大院和私人会馆。严禁借流转之名违法违规圈占、买卖宅基地。

《农业农村部关于积极稳妥开展农村闲置宅基地和闲置住宅盘活利用工作的通知》（农经发〔2019〕4号）

二、重点工作

（五）依法规范盘活利用行为。各地要进一步加强宅基地管理，对利用方式、经营产业、租赁期限、流转对象等进行规范，防止侵占耕地、大拆大建、违规开发，确保盘活利用的农村闲置宅基地和闲置住宅依法取得、权属清晰。要坚决守住法律和政策底线，不得违法违规买卖或变相买卖宅基地，严格禁止下乡利用农村宅基地建设别墅大院和私人会馆。要切实维护农民权益，不得以各种名义违背农民意愿强制流转宅基地和强迫农民“上楼”，不得违法收回农户合法取得的宅基地，不得以退出宅基地作为农民进城落户的条件。对利用闲置住宅发展民宿等项目，要按照 2018 年中央一号文件要求，尽快研究和推动出台消防、特种行业经营等领域便利市场准入、加强事中事后监管的措施。

盛廷提示

农民上楼应该是依法、自愿，不能搞强拆、逼迁，不顾实际、一刀切的做法要不得。

第三章　集体土地征收

五十 征地中如何确定自己地的价值？征收耕地和宅基地补偿有区别吗？

案例故事

陈笑而所在的村因为要修建高速公路而被征地，他家的房子和承包地都在征收范围内，最近村里的人都在讨论补偿的问题，都想着拿到钱后怎么花。但是关于补偿多少的问题，大家心里都没有标准。有的说多要就行了，有的说不能比邻村低，这个问题一直困扰着大家。都说农村宅基地和土地变得越来越值钱，现在拆迁了，到底要补偿多少呢？宅基地和耕地的补偿一样吗？

案例解析

陈笑而所在村的土地补偿多少，要看当地的征地区片综合地价。由于耕地和宅基地在用途、获取方式与要求、使用年限等方面不同，其补偿标准也不同。

1. 宅基地征收补偿标准。

（1）对宅基地征收的补偿，按照规定的公式计算补偿费用，宅基地补偿公式具体如下：宅基地区位补偿价=（当地普通住宅指导价-房屋重置成新均价）×户均安置面积÷户均宅基地面积。

（2）宅基地区位补偿价一般由区县人民政府参照一定时间、一定区域内普通商品房住宅均价、城市规划等综合实际情况来确定；拆迁中认定的宅基地面积应经合法批准，不超控制标准。

2. 耕地征收补偿标准。

农用地的征收土地补偿费、安置补助费标准由省、自治区、直辖市通过制定公布区片综合地价确定。制定区片综合地价应当综合考虑土地原用途、土地资源条件、土地产值、土地区位、土地供求关系、人口以及经济社会发展水平等因素，并至少每三年调整或者重新公布一次。

征收农用地以外的其他土地、地上附着物和青苗等的补偿标准，由省、自治区、直辖市制定。县级以上地方人民政府应当将被征地农民纳入相应的养老等社会保障体系。被征地农民的社会保障费用主要用于符合条件的被征地农民的养老保险等社会保险缴费补贴。被征地农民社会保障费用的筹集、管理和使用办法，由省、自治区、直辖市制定。

法律依据

《中华人民共和国土地管理法》

第四十八条　征收土地应当给予公平、合理的补偿，保障被征地农民原有生活水平不降低、长远生计有保障。

征收土地应当依法及时足额支付土地补偿费、安置补助费以及农村村民住宅、其他地上附着物和青苗等的补偿费用，并安排被征地农民的社会保障费用。

征收农用地的土地补偿费、安置补助费标准由省、自治区、直辖市通过制定公布区片综合地价确定。制定区片综合地价应当综合考虑土地原用途、土地资源条件、土地产值、土地区位、土地供求关系、人口以及经济社会发展水平等因素，并至少每三年调整或者重新公布一次。

征收农用地以外的其他土地、地上附着物和青苗等的补偿标准，由省、自治区、直辖市制定。对其中的农村村民住宅，应当按照先补偿后搬迁、居住条件有改善的原则，尊重农村村民意愿，采取重新安排宅基地建房、提供安置房或者货币补偿等方式给予公平、合理的补偿，并对因征收造成的搬迁、临时安置等费用予以补偿，保障农村村民居住的权利和合法的住房财产权益。

县级以上地方人民政府应当将被征地农民纳入相应的养老等社会保障体系。被征地农民的社会保障费用主要用于符合条件的被征地农民的养老保险等社会保险缴费补贴。被征地农民社会保障费用的筹集、管理和使用办法，由省、自治区、直辖市制定。

盛廷提示

农村集体土地征收涉及的方面和标准众多，应及时了解当地征收补偿标准，切勿被套路牵着鼻子走！

五十一　村委会截留征地补偿款怎么办？

案例故事

2013 年，小油村通知村民要征地了，征地范围包括村里一组和四组的部分承包地。村委会开始组织测量承包地面积。对于大家关心的补偿问题，村委会也召开过好几次会议，向村民解释土地补偿款、地上附着物、社保安置等问题。虽然没有看到征地公告等文件，但是村民们觉得补偿还算合理，就都在各户面积确认表和补偿数额表上签了字。大家满怀期待地等着补偿款的下发。可是到现在已经过去八年了，补偿款还没有发到各家各户手里。村民去镇政府打听，工作人员说补偿款已经拨付到村里了。村民就发愁了，补偿款什么时候才能下发？

案例解析

小油村的村民们可以向乡镇人民政府、县级政府，或者土地管理部门反映征地款被截留的问题，反映无果的，还可以通过行政复议或是行政诉讼的方式来维护自身的合法权益。

根据《村民委员会组织法》和《土地管理法》的规定，对于涉及征收拆迁补偿款使用、分配和处分的重要问题，并不是由村委会或者个别人可以私自决定的，一定要召开由全体村民参加的村民会议，让大家充分知晓、民主决定才可以。征地补偿款的使用情况要向村民公布，接受监督，严禁侵占、挪用。

如果村民委员会不及时公布补偿款的使用或分配情况，村民有权向乡镇人民政府或者县级人民政府及其有关主管部门反映。

《最高人民法院关于适用〈中华人民共和国行政诉讼法〉的解释》规定，村民如果对村委会依照法律法规或规章的授权履行行政管理职责的行为不服的，可以直接以村委会为被告提起行政诉讼。

综上所述，如果在土地征收中，村民发现土地补偿款被村委会截留了，可以向乡镇人民政府、县级政府，或者土地管理部门反映，反映无果的，还可以通过行政复议或是行政诉讼的方式来维护自身的合法权益。

法律依据

《中华人民共和国民法典》

第二百四十三条　……任何组织或者个人不得贪污、挪用、私分、截留、拖欠征收补偿费等费用。

《中华人民共和国村民委员会组织法》

第二十四条　涉及村民利益的下列事项，经村民会议讨论决定方可办理：

（一）本村享受误工补贴的人员及补贴标准；

（二）从村集体经济所得收益的使用；

（三）本村公益事业的兴办和筹资筹劳方案及建设承包方案；

（四）土地承包经营方案；

（五）村集体经济项目的立项、承包方案；

（六）宅基地的使用方案；

（七）征地补偿费的使用、分配方案；

（八）以借贷、租赁或者其他方式处分村集体财产；

（九）村民会议认为应当由村民会议讨论决定的涉及村民利益的其他事项。

村民会议可以授权村民代表会议讨论决定前款规定的事项。

法律对讨论决定村集体经济组织财产和成员权益的事项另有规定的，依照其规定。

第三十一条　村民委员会不及时公布应当公布的事项或者公布的事项不真实的，村民有权向乡、民族乡、镇的人民政府或者县级人民政府及其有关主管部门反映，有关人民政府或者主管部门应当负责调查核实，责令依法公布；经查证确有违法行为的，有关人员应当依法承担责任。

《中华人民共和国土地管理法》

第四十九条　被征地的农村集体经济组织应当将征收土地的补偿费用的收支状况向本集体经济组织的成员公布，接受监督。

禁止侵占、挪用被征收土地单位的征地补偿费用和其他有关费用。

盛廷提示

我国法律严禁挪用、私分、截留、拖欠征收补偿费，土地补偿款是被征收人的合法权益，大家一定要重视。

五十二　什么是“以租代征”？遇到“以租代征”怎么办？

案例故事

最近小李庄村民李大强找到律师，说他们村的土地都被开发商拿走，建了一个大型的服装加工厂，每年由村里按照800元/亩补偿村民。李大强很苦恼，自己以前耕地的收入每年每亩不止这些钱，自己承包了十几年的土地说拿走就拿走了，他想知道开发商和村委会的做法合法吗？

案例解析

开发商的这种做法是典型的“以租代征”的不合法行为。

所谓“以租代征”，是指用地单位通过租用农民集体土地进行非农业建设，是未经法定程序征用土地的行为。其实质是规避法定的农用地转用和土地征收审批，在规划之外扩大建设用地规模，同时逃避了缴纳有关税费、履行耕地占补平衡法定义务。

“以租代征”常见表现形式有如下六种：

（1）基层政府直接租赁农村集体土地；

（2）基层政府转租农村集体土地；

（3）基层政府作为土地租赁中介人促成租地行为；

（4）用地单位或个人直接与村委会签订协议租赁土地；

（5）村委会租用农户的承包地搞非农建设；

（6）村民自行出租自己的承包地。

如果村民遇到“以租代征”情况，可以向自然资源管理部门举报，由自然资源管理部门依法制止、查处；也可以主张签订的租赁合同无效，要回自己的土地。

法律依据

《中华人民共和国土地管理法》

第四十四条　建设占用土地，涉及农用地转为建设用地的，应当办理农用地转用审批手续。

永久基本农田转为建设用地的，由国务院批准。

在土地利用总体规划确定的城市和村庄、集镇建设用地规模范围内，为实施该规划而将永久基本农田以外的农用地转为建设用地的，按土地利用年度计划分批次按照国务院规定由原批准土地利用总体规划的机关或者其授权的机关批准。在已批准的农用地转用范围内，具体建设项目用地可以由市、县人民政府批准。

在土地利用总体规划确定的城市和村庄、集镇建设用地规模范围外，将永久基本农田以外的农用地转为建设用地的，由国务院或者国务院授权的省、自治区、直辖市人民政府批准。

第七十七条 未经批准或者采取欺骗手段骗取批准，非法占用土地的，由县级以上人民政府自然资源主管部门责令退还非法占用的土地，对违反土地利用总体规划擅自将农用地改为建设用地的，限期拆除在非法占用的土地上新建的建筑物和其他设施，恢复土地原状，对符合土地利用总体规划的，没收在非法占用的土地上新建的建筑物和其他设施，可以并处罚款；对非法占用土地单位的直接负责的主管人员和其他直接责任人员，依法给予处分；构成犯罪的，依法追究刑事责任。

《中华人民共和国农村土地承包法》

第十八条 承包方承担下列义务：

（一）维持土地的农业用途，未经依法批准不得用于非农建设；

（二）依法保护和合理利用土地，不得给土地造成永久性损害；

（三）法律、行政法规规定的其他义务。

盛廷提示

“以租代征”不合法，遇到“以租代征”情况，村民可拒绝交出土地。

五十三 遇到土地征收要不要请律师？什么时候请律师？

案例故事

小王庄的王小明在村里有宅基地和房子，也有几亩耕地。2020 年，政府计划建设一条省道，王小明的房和地都在征收的范围内。当地政府公布征收补偿安置标准后，王小明觉得补偿不合理，他多次与征收方协商，但最终没有签订任何补偿协议。最近，征收方为了赶项目进度，强拆了王小明的房子，王小明很着急，找到了律师，询问房子没了、补偿也没拿到，这时该怎么办？

案例解析

王小明应该在房子被强拆之前，尽早请律师介入。房子一旦被拆除，被征收人在此后的协商谈判中往往会处于不利地位。

遇到征收时，请律师不是必需的，但是请律师会在处理征收补偿问题时占据许多优势。如果要请律师，自然是越早越好，因为有充足的时间才能早日进行调查取证工作，以争取更多的谈判机会。

律师在土地强征过程中能为被征收人做什么呢?

（1）审查征收材料、协助调查征收方的违法点。

在征收集体土地时，需要有征地审批文件、土地现状调查、社会稳定风险评估、征地公告、征地补偿安置方案等，这些文件应当张贴在公告栏进行公告，以保障被征收人的知情权、参与权、救济权等权利。但是，有些时候征收方在征收集体土地时并没有上述文件或者合法的征拆文件不全，由于被征收人处于与征收方信息不对等的地位，即使征收方已经公告了相关文件，被征收人也不清楚该文件是否存在相应的违法点。这时，律师能够从专业角度对建设项目进行全方位调查，审查征收文件并协助调查征收方的违法点。

（2）提供专业的维权指导。

律师不仅能在法律程序推进方面给予专业指导，也能在被征收人与征收方签订征收补偿安置协议时给予专业指导。案例中王小明是幸运的，房子被强拆后及时找到了专业律师，寻求帮助，能够通过行政复议、行政诉讼的方式挽回损失，也有很多的被征收人三四年前房子就被强拆了，一直没有拿到补偿，但是强拆的起诉期限已经过了，无法再通过法律手段维护自己的正当权益。还有很多被征收人被逼签，甚至签了空白协议，这也是欠缺拆迁经验和法律知识所导致的，律师能够为大家提供专业的指导，避免上述情况发生。

（3）协助谈判、争取合理补偿。

征收补偿可以是通过货币方式补偿，也可以是房屋产权置换，还可以选择货币补偿和产权置换相结合的补偿方式。谈判是解决拆迁补偿问题的关键。但是，谈判要有力度、有筹码，律师协助审查、调查征收方的征收材料就是在增加被征收人一方的筹码，通过调查征收方的违法行为，运用专业的法律知识，拿捏好谈判的尺度，从而使被征收方得到合理的补偿。

法律依据

《中华人民共和国土地管理法》

第四十六条　第三款

征收农用地的，应当依照本法第四十四条的规定先行办理农用地转用审批。其中，经国务院批准农用地转用的，同时办理征地审批手续，不再另行办理征地审批；经省、自治区、直辖市人民政府在征地批准权限内批准农用地转用的，同时办理征地审批手续，不再另行办理征地审批，超过征地批准权限的，应当依照本条第一款的规定另行办理征地审批。

第四十七条　第二款

县级以上地方人民政府拟申请征收土地的，应当开展拟征收土地现状调查和社会稳定风险评估，并将征收范围、土地现状、征收目的、补偿标准、安置方式和社会保障等在拟征收土地所在的乡（镇）和村、村民小组范围内公告至少三十日，听取被征地的农村集体经济组织及其成员、村民委员会和其他利害关系人的意见。

《中华人民共和国行政诉讼法》

第四十六条　公民、法人或者其他组织直接向人民法院提起诉讼的，应当自知道或者应当知道作出行政行为之日起六个月内提出。法律另有规定的除外。

因不动产提起诉讼的案件自行政行为作出之日起超过二十年，其他案件自行政行为作出之日起超过五年提起诉讼的，人民法院不予受理。

盛廷提示

遇到土地征收时，律师不仅可以帮助被征收人调查征收过程中政府的违法行为，还可以为其提供专业的维权指导，帮其争取合理的补偿款。

五十四　村委会不认可“外嫁女”的村民资格，拒绝分配土地补偿款该怎么办？

案例故事

李娟娟是李家庄的村民，2001年嫁给了隔壁郭家庄的郭壮壮，户口依然在娘家，没有迁走。2010年李家庄的集体土地被征收，村里对征地补偿款进行了分配，但是没有给李娟娟，理由是李娟娟已经“外嫁”了，不是李家庄的村民了，不具有李家庄的村民资格。对此，李娟娟不服气，找到律师询问：这种情况应该怎么办？

案例解析

李娟娟作为出嫁女户籍未迁出，并继续尽村民义务，应当享有与该村村民同等的权利。

通俗来说，本村的成年女子，出于嫁娶原因迁移到其他地方，就称之为外嫁女。结婚出嫁并不必然导致已婚妇女丧失其原先农村集体经济组织成员资格。只要出嫁女户籍未迁出，并继续尽村民义务，就应当享有与该村村民同等的权利。

现实中，有的地方村委会以村规民约或者是村民会议决议的方式剥夺外嫁女的集体组织成员资格。但是，村民自治章程、村规民约以及村民会议或者村民代表会议的决定不得与宪法、法律、法规和国家的政策相抵触，不得有侵犯村民的人身权利、民主权利和合法财产权利的内容。如果村规民约以及村民会议决定违反法律规定，对某些成员的权利进行剥夺，就是不合法的。比如上述案例中剥夺李娟娟分配土地补偿款的权利就不合法。

因此，村委会以已经嫁到别村为由，拒绝分配补偿款给户口仍在娘家的“外嫁女”是违反法律规定的，侵害了村集体经济组织成员权益，针对村委会这种侵权的行为，我们可以依法提起诉讼。

法律依据

《中华人民共和国妇女权益保障法》

第三十三条　第一款

任何组织和个人不得以妇女未婚、结婚、离婚、丧偶等为由，侵害妇女在农村集体经济组织中的各项权益。

《中华人民共和国村民委员会组织法》

第二十七条　第二款

村民自治章程、村规民约以及村民会议或者村民代表会议的决定不得与宪法、法律、法规和国家的政策相抵触，不得有侵犯村民的人身权利、民主权利和合法财产权利的内容。

盛廷提示

村民资格不能以是否出嫁作为认定的标准，还应考虑外嫁女户口是否迁出，其生产经营是否脱离村集体。

五十五　新生儿、嫁入女或赘婿是否可以分配土地补偿款？

案例故事

李娟娟是隔壁李家庄的村民，2001年嫁给了郭家庄的郭壮壮，2010年超生了第三个孩子，当年郭家庄的集体土地被征收，村里对征地补偿款进行了分配，但是没有给李娟娟超生的老三（新生儿），理由是土地征收的时候孩子没有上户口，不具有分配土地征收款的资格。对此，李娟娟不服气，找到律师询问：这种情况应该怎么办？

案例解析

新生儿、嫁入女或赘婿等村民是有权要求分配土地补偿款的。

集体经济组织成员，依法定事件（如出生）、依合法行为（如因婚姻迁入）而取得集体经济组织成员身份。只要户籍迁入，生活在本村并尽村民的义务，就应当享有与原村村民同等的权利。

父母均具有该集体经济成员资格或父母一方为该组织成员，户籍登记在该组织的，虽然因“增人不增地，减人不减地”原则而没有取得承包土地经营权，但是，征地补偿款的分配是法定权利，不是约定权利，且是农民生存之基本权利，可以因出生这一事实而依法律规定自然取得征地补偿费分配权，且无论是计划内生育还是计划外生育，违反计划生育的婴儿也有生存权利，应享有征地补偿款的分配权，不得以任何借口加以剥夺。

土地征用补偿费归农民集体所有，而非农民个人所有。所以，征用土地补偿费的获得与分配有时间间隔，在分配前，该征地补偿费一直为集体经济组织所有，只要在分配前取得成员资格，就应当享受该费用分配权，换句话说，分配权的取得时间，应当是集体经济组织决定将该征地补偿费进行分配时。所以，在集体经济组织土地被征用获得补偿费后，决定分配前出生的新生儿和因结婚迁入并取得承包土地经营权的妇女或者入赘的女婿，具有参加分配征地补偿费的成员资格，与其他成员平等地享有该分配权。

因此，村委会拒绝分配补偿款给超生孩、新生儿和新迁入的媳妇或女婿是违反法律规定的，侵害了村集体经济组织成员权益，针对村委会这种侵权行为，我们可以依法提起诉讼。

法律依据

《中华人民共和国妇女权益保障法》

第三十三条　第一款

任何组织和个人不得以妇女未婚、结婚、离婚、丧偶等为由，侵害妇女在农村集体经济组织中的各项权益。

《中华人民共和国村民委员会组织法》

第二十七条　第二款

村民自治章程、村规民约以及村民会议或者村民代表会议的决定不得与宪法、法律、法规和国家的政策相抵触，不得有侵犯村民的人身权利、民主权利和合法财产权利的内容。

《最高人民法院关于审理涉及农村土地承包纠纷案件适用法律问题的解释》（法释〔2005〕6号）

第二十二条　农村集体经济组织或者村民委员会、村民小组，可以依照法律规定的民主议定程序，决定在本集体经济组织内部分配已经收到的土地补偿费。征地补偿安置方案确定时已经具有本集体经济组织成员资格的人，请求支付相应份额的，应予支持。但已报全国人大常委会、国务院备案的地方性法规、自治条例和单行条例、地方政府规章对土地补偿费在农村集体经济组织内部的分配办法另有规定的除外。

盛廷提示

新生儿、嫁入女或赘婿也有普通村民的权利，有权要求分配土地补偿款。

五十六　“外嫁女”什么情况下能获得征地补偿?

案例故事

张玉凤2007年嫁到外村，但是在婆家没有分到承包地，娘家的承包地仍然保留着。2018年，娘家所在村土地被征收，要建设一个滨河公园。在进行征收补偿登记的时候，村干部告诉张玉凤家人她已经嫁到外村了，不在登记范围内。张玉凤找到村干部说，自己在婆家没有地，村里的地要是征收，应该给她补偿。村干部说这是上面统一的政策，没办法。张玉凤想知道，她能在娘家分到征地补偿款吗?

案例解析

张玉凤这种情况是可以在娘家村里分到征地补偿款的。

征地补偿一般是补偿给农村集体经济组织，具体如何分配，由集体经济组织依法定的民主程序确定，具有集体组织成员资格的人都有权分配征地补偿款。因此，张玉凤能否分配征地补偿款的关键就在于其是否有该集体经济组织成员资格。

对于农村集体经济组织成员资格的认定，一般应考虑是否以该集体经济组织的土地为基本生活保障，是否与该集体经济组织形成较为固定的生产生活关系，并兼顾户籍登记等问题，避免出现“两头占”（即在出嫁地和嫁入地均享有成员资格）或者“两头空”（即在出嫁地和嫁入地均不享有成员资格）的情况发生。

由此可见，张玉凤只要具有农村集体经济组织成员资格，就能参与分配本集体经济组织内部已经收到的土地征收补偿费，与当事人是否为“外嫁女”的身份无关。

法律依据

《中华人民共和国农村土地承包法》

第十六条　家庭承包的承包方是本集体经济组织的农户。农户内家庭成员依法平等享有承包土地的各项权益。

第三十一条　承包期内，妇女结婚，在新居住地未取得承包地的，发包方不得收回其原承包地；妇女离婚或者丧偶，仍在原居住地生活或者不在原居住地生活但在新居住地未取得承包地的，发包方不得收回其原承包地。

《中华人民共和国妇女权益保障法》

第三十二条　妇女在农村土地承包经营、集体经济组织收益分配、土地征收或者征用补偿费使用以及宅基地使用等方面，享有与男子平等的权利。

第三十三条　任何组织和个人不得以妇女未婚、结婚、离婚、丧偶等为由，侵害妇女在农村集体经济组织中的各项权益。因结婚男方到女方住所落户的，男方和子女享有与所在地农村集体经济组织成员平等的权益。

《最高人民法院关于审理涉及农村土地承包纠纷案件适用法律问题的解释》（法释〔2005〕6号）

第二十四条　农村集体经济组织或者村民委员会、村民小组，可以依照法律规定的民主议定程序，决定在本集体经济组织内部分配已经收到的土地征收补偿费。征地补偿安置方案确定时已经具有本集体经济组织成员资格的人，请求支付相应份额的，应予支持。……

盛廷提示

“外嫁女”能否分配征地补偿款，关键在于其是否有集资组织成员资格，不能“两头占”，也不能“两头空”。

五十七　租用农村土地建厂，遇到土地征收应该给予补偿吗？

案例故事

赵大壮是赵家村的村民，女儿在城里上学后找了个城里女婿，后来因为创业，同时为了照顾赵大壮，两人一合计，打算在赵家村租一块空地建厂。租用土地时他们与赵家村村民委员会签订了租用土地的协议，约定租赁期为20年。厂子正常经营了8年之后，政府拟对该地块进行征收。赵大壮的女儿、女婿想知道，这种情况下他们是否能获得征收补偿？

案例解析

租用农村土地建厂，究竟是否能够得到征收补偿需要从多方面进行考虑。

（1）租用土地时签订的租赁协议是否对相关事项有约定。

根据《民法典》的相关规定，依法成立的合同对当事人双方均有约束力。也就是说，只要合同约定不违反法律规定，相关事项就都要依照合同约定进行。所以，如果合同对遇政府征收时补偿款的分配有约定，应当遵从其约定。常见的合同约定方式一般为：临时占用土地的补偿归承租方，永久性征收土地的补偿归出租方。但是一般承租方在土地上建了房子，房屋的价值也会予以考虑。

（2）建厂是否符合相关的土地利用总体规划。

通俗来讲，就是在土地上建造的厂房是否属于违法建设。首先，建造厂房不能与各级政府确定的土地利用总体规划冲突，比如不能在耕地上建造厂房。其次，有些地方政府部门也会将没有建设工程规划许可证的厂房认定为违法建设。这一点也取决于当地的实际情况，如果农民朋友们的房屋普遍没有办证，也不能“一刀切”地将无证的房屋认定为违法建设。虽然关于集体土地的征收中违建的处理没有明确规定，但参考《国有土地上房屋征收与补偿条例》的相关规定，如果房屋经法律确定为违法建设，在征收中一般是很难拿到补偿的。

（3）即使不符合补偿条件，租赁费也可按比例主张返还。

如果很不幸，土地租赁方因均不符合以上条件而不能获得征地补偿，那么租赁方也能够主张土地的出租方按照土地未利用时间的比例返还已支付的出租费用。这属于《民法典》中规定的因不可抗力而解除合同的情况。当事人双方均可主张对方采取措施以达到权利义务对等的状态。

法律依据

《中华人民共和国民法典》

第一百一十九条　依法成立的合同，对当事人具有法律约束力。

第五百六十三条　有下列情形之一的，当事人可以解除合同：

（一）因不可抗力致使不能实现合同目的。

《国有土地上房屋征收与补偿条例》

第二十四条　市、县级人民政府及其有关部门应当依法加强对建设活动的监督管理，对违反城乡规划进行建设的，依法予以处理。

市、县级人民政府作出房屋征收决定前，应当组织有关部门依法对征收范围内未经登记的建筑进行调查、认定和处理。对认定为合法建筑和未超过批准期限的临时建筑的，应当给予补偿；对认定为违法建筑和超过批准期限的临时建筑的，不予补偿。

盛廷提示

租用土地建厂是否能够得到补偿取决于多方面的因素，如符合相应条件，应予以补偿。

五十八　村委会有权征地或者直接收回承包权吗？

案例故事

2010年，王老汉所在的王家村发布了通知，说村里要征地，要大家积极配合，但是给出的补偿款却很少。王老汉跟家里人商量后，觉得补偿款太少，不够保障今后的生活，就不打算参与村里的征地。在跟村委会谈了几次后，村委会见王老汉态度强硬，直接作出了收回土地承包权的决定。这一下，让王老汉又气又惊，他连忙告诉儿女，让他们帮忙问问还能不能保住自己的地。

案例解析

王老汉这种情形可以先向乡镇政府反映情况，如果得不到合法处理就要考虑向法院起诉。

村委会是村民自我管理、自我教育、自我服务的基层群众性自治组织，并不属于一级政府。

根据《土地管理法》的规定，有权批准征收集体土地的是国务院或省级政府，获得批准后对征收土地进行组织实施的是县级以上人民政府。村委会不属于政府组织，当然无权主导征地工作。实践中，有些村委会接受政府的委托协助实施一些工作，但村委会绝不是征收工作的主体。

根据《农村土地承包法》的规定，农村集体经济组织成员依法享有土地承包权，任何人不得剥夺或非法限制，并且承包期内，发包方不得收回承包权。村委会也不能强迫或者阻碍承包方进行土地承包经营权的互换、转让或者土地经营权流转；不能假借“少数服从多数”原则强迫承包方放弃或者变更土地承包经营权；不能以划分“口粮田”和“责任田”等为由收回承包地搞招标承包。

如果在土地承包经营合同约定的承包期届满之前，承包方将承包土地交回发包方是可以的，并且土地承包经营权人对其在承包地上投入而提高土地生产能力的，有权获得合理补偿。

据此，收回土地承包权是有严格条件限制的，案例中村委会随意、私自收回的行为并无法律依据。

法律依据

《中华人民共和国土地管理法》

第四十六条　征收下列土地的，由国务院批准：

（一）永久基本农田；

（二）永久基本农田以外的耕地超过三十五公顷的；

（三）其他土地超过七十公顷的。

征收前款规定以外的土地的，由省、自治区、直辖市人民政府批准。

征收农用地的，应当依照本法第四十四条的规定先行办理农用地转用审批。其中，经国务院批准农用地转用的，同时办理征地审批手续，不再另行办理征地审批；经省、自治区、直辖市人民政府在征地批准权限内批准农用地转用的，同时办理征地审批手续，不再另行办理征地审批，超过征地批准权限的，应当依照本条第一款的规定另行办理征地审批。

第四十七条　国家征收土地的，依照法定程序批准后，由县级以上地方人民政府予以公告并组织实施。

县级以上地方人民政府拟申请征收土地的，应当开展拟征收土地现状调查和社会稳定风险评估，并将征收范围、土地现状、征收目的、补偿标准、安置方式和社会保障等在拟征收土地所在的乡（镇）和村、村民小组范围内公告至少三十日，听取被征地的农村集体经济组织及其成员、村民委员会和其他利害关系人的意见。

《中华人民共和国农村土地承包法》

第五条　农村集体经济组织成员有权依法承包由本集体经济组织发包的农村土地。

任何组织和个人不得剥夺和非法限制农村集体经济组织成员承包土地的权利。

盛廷提示

土地承包权是农民依法享有的权利，土地征收也有严格的法律规范。在面对不合理的征收补偿时，要有维护自己合法权益的意识。

五十九　什么是“征地区片综合地价”？查询方法有哪些？

案例故事

前些天张庄村委会通知村民要征地，但是村民张小芬却开心不起来，村里给村民征地补偿的标准特别低，地被征走了，以后生活就没有保障了。张小芬向律师询问，每亩地的价格有没有标准？

案例解析

农村土地征收是有标准的，其标准就是征地区片综合地价。

征地区片综合地价又称征地区片价，是指在县（市）级行政区土地利用总体规划确定的建设用地范围内，在农用地定级的基础上，按照农用地质量状况、土地区位、人均耕地水平、农村社会经济发展水平等划分征地区片，并在标准耕作制度和一定农田基本设施状况条件下，根据区片农用地条件和社会保障水平等评估确定的某一估价基准日的农用地平均征收价格。

征地区片综合地价由被征收农用地质量价格和社会保障价格构成。农用地质量价格是指在标准耕作制度、一定农田基本设施状况和正常年景条件下，根据农用地自然、社会经济等因素确定的农用地所能实现的价格；社会保障价格是指农民土地被征收后，为获得基本生活保障、接受教育、再就业培训等应得到的补偿。

查询征地区片综合地价的主要方式：

（1）根据征收文件查询征地区片综合地价。人民政府征收公告、征收机构公布的征地安置补偿方案中都会有关于征地区片综合地价的详细信息。

（2）可通过拨打市、县级人民政府的电话，咨询政府工作人员。

（3）全国各地上报备案的征地区片综合地价可在自然资源部官网“公开栏”板块下“全国征地区片综合地价信息公开”栏目查询。

法律依据

《中华人民共和国土地管理法》

第四十八条　第三款、第四款

征收农用地的土地补偿费、安置补助费标准由省、自治区、直辖市通过制定公布区片综合地价确定。制定区片综合地价应当综合考虑土地原用途、土地资源条件、土地产值、土地区位、土地供求关系、人口以及经济社会发展水平等因素，并至少每三年调整或者重新公布一次。

征收农用地以外的其他土地、地上附着物和青苗等的补偿标准，由省、自治区、直辖市制定。对其中的农村村民住宅，应当按照先补偿后搬迁、居住条件有改善的原则，尊重农村村民意愿，采取重新安排宅基地建房、提供安置房或者货币补偿等方式给予公平、合理的补偿，并对因征收造成的搬迁、临时安置等费用予以补偿，保障农村村民居住的权利和合法的住房财产权益。

盛廷提示

不存在全国统一的地价，征地区片综合地价需根据各地实际情况确定。

六十 农民土地被征收后，如何保障“生活水平不降低，长远生计有保障”？

案例故事

郑亮亮是郑各庄的村民，家中有五口人，以田为生、以田为业。2019年9月，郑各庄村委会公示栏张贴了征收土地公告，拟征收土地50余亩，征收土地的范围包括了郑亮亮家所承包的土地。郑亮亮既为乡村建设高兴，又担心没了田地一大家子该如何生活。郑亮亮想了解国家有没有相关的政策，保证老百姓利益在征收中不受损。

案例解析

根据《土地管理法》的规定，征收农民的集体土地，应当给予公平、合理的补偿，保障被征地农民原有生活水平不降低、长远生计有保障。

我国地价不统一，征收补偿标准也不统一。如果征收农民土地设定一个统一的补偿标准，那么一些物价高、房价高、生活成本高地区的农民在土地征收后将无法达到征收之前的生活水平。因此，我国逐步把保障被征地农民原有生活水平不降低、长远生计有保障的原则纳入了《土地管理法》，使其成为征收时应当遵守的法律原则之一。

保障生活水平不降低、长远生计有保障，应当依法及时足额支付土地补偿费、安置补助费以及农村村民住宅、其他地上附着物和青苗等的补偿费用，并安排被征地农民的社会保障费用。征收农村村民住宅的，应当按照先补偿后搬迁、居住条件有改善的原则，尊重农村村民意愿，采取重新安排宅基地建房、提供安置房或者货币补偿等方式给予公平、合理的补偿，并对因征收造成的搬迁、临时安置等费用予以补偿，保障农村村民居住的权利和合法的住房财产权益。另外，征收农民土地的，还应当将被征地农民纳入相应的养老等社会保障体系。

法律依据

《中华人民共和国土地管理法》

第四十八条　第一款

征收土地应当给予公平、合理的补偿，保障被征地农民原有生活水平不降低、长远生计有保障。

《国务院办公厅关于进一步严格征地拆迁管理工作切实维护群众合法权益的紧急通知》

第二条　征地涉及拆迁农民住房的，必须先安置后拆迁，妥善解决好被征地农户的居住问题，切实做到被征地拆迁农民原有生活水平不降低、长远生计有保障。

盛廷提示

征收农民土地应确保征地补偿费用及时足额支付到位，涉及农民住房的，还要妥善解决好被征地农户的居住问题。农村土地被征收，政府还要将被征地农民纳入相应的养老等社会保障体系，全方位保障被征地农民生活水平不降低、长远生计有保障。

六十一　宅基地被征收，农民可获得哪些补偿？

案例故事

郭家庄村张贴了征地公告，告诉村民们他们的土地要被征收了。郭壮壮家最近也来了不少人，有丈量宅基地面积的，也有丈量房屋面积的，他们还拿出了一张评估表让郭壮壮核对。还有不少征收方的工作人员到郭壮壮家做思想工作，希望郭壮壮能够尽快签订协议，尽快腾空房屋。郭壮壮有些迷茫，宅基地被征收，村民们可以拿到哪些补偿呢？

案例解析

根据《土地管理法》的规定，征收土地应当在保障被征地农民原有生活水平不降低、长远生计有保障的前提下给予公平、合理的补偿。

征收宅基地就要足额支付土地补偿费、住宅以及其他地上附着物的补偿费用，还有搬迁补助费、过渡费，有些地方为了鼓励早点搬迁，还会设置奖励费。

宅基地补偿费是向被征收人支付的款项，征收集体土地，土地补偿费就由征收方给付村委会，再由村委会分配给村集体成员。

住宅以及地上附着物的补偿费用是指对所拆迁的房屋以及其他的地上附着物，按照房屋的建筑物结构类型和建筑的面积大小予以补偿。

至于给予搬迁补助和过渡费，是因为从签订协议到实现安置需要一定的时间，在这段时间内，被征收人因失去了原有的住宅，会产生搬家和租房等方面的费用。

对于集体土地上房屋征收补偿方式有三种：一是重新安排宅基地建房，并给予一定的建房费用；二是房屋安置；三是货币补偿。一般来说，征收方会给被征收方提供两种选择，房屋安置或者是货币补偿，村民可以根据自身的需要进行选择。不论被征收人选择哪种补偿方式，都要切实保障被征收农民的合法权益，尊重农民的意见。

法律依据

《中华人民共和国土地管理法》

第四十八条　征收土地应当给予公平、合理的补偿，保障被征地农民原有生活水平不降低、长远生计有保障。

征收土地应当依法及时足额支付土地补偿费、安置补助费以及农村村民住宅、其他地上附着物和青苗等的补偿费用，并安排被征地农民的社会保障费用。

征收农用地的土地补偿费、安置补助费标准由省、自治区、直辖市通过制定公布区片综合地价确定。制定区片综合地价应当综合考虑土地原用途、土地资源条件、土地产值、土地区位、土地供求关系、人口以及经济社会发展水平等因素，并至少每三年调整或者重新公布一次。

征收农用地以外的其他土地、地上附着物和青苗等的补偿标准，由省、自治区、直辖市制定。对其中的农村村民住宅，应当按照先补偿后搬迁、居住条件有改善的原则，尊重农村村民意愿，采取重新安排宅基地建房、提供安置房或者货币补偿等方式给予公平、合理的补偿，并对因征收造成的搬迁、临时安置等费用予以补偿，保障农村村民居住的权利和合法的住房财产权益。

县级以上地方人民政府应当将被征地农民纳入相应的养老等社会保障体系。被征地农民的社会保障费用主要用于符合条件的被征地农民的养老保险等社会保险缴费补贴。被征地农民社会保障费用的筹集、管理和使用办法，由省、自治区、直辖市制定。

盛廷提示

房屋乃安身立命之所，遇到拆迁衡量一下拆迁后自己的生活水平跟现在是否有巨大落差，这是每个被拆迁人都应该做的一件事。

六十二　征收集体土地的程序是什么？

案例故事

村民张明光在村里有合法的房屋及宅基地，房屋是面积达400平方米的两层小楼，近期因当地建设文化小镇要拆迁，但张明光没有看到任何征地公告和征地批文。村里来了工作人员跟他协商补偿款，说给一块宅基地以及房屋主体补偿款、附属物补偿款。张明光觉得补偿数额少了，不能保障自己的房屋重建成本。而且现在什么征收文件都没有，就有人来强拆房屋的外围墙，张明光担心自己遇到了违法征收，想咨询正规的征地程序应该是怎样的。

案例解析

为充分保障被征收村民的合法权益，征收集体土地时，地方政府应当按照法定程序发布征地批文、征收公告和安置补偿方案，遵循“先补偿、后拆迁”的原则，依法进行。

根据2021年9月1日起施行的修订后的《土地管理法实施条例》，征收集体土地的主要程序为：

（1）发征地预公告。县级以上政府发布土地征收预公告，开展土地现状调查和社会稳定风险评估。

（2）发补偿方案。县级以上政府组织编制征地补偿安置方案并公告，根据情况组织听证。

（3）签补偿协议。县级以上政府组织有关部门与拟征收土地的所有权人、使用权人签订征地补偿安置协议（协议的示范文本由省级政府制定）。

（4）报征地审批。完成上述前期工作后，县级以上政府才可以提出征收土地申请，报有批准权的政府批准。

（5）发征地公告。征收土地申请被批准后，县级以上政府发布土地征收公告，并对个别未达成征地补偿协议的作出征地补偿安置决定。

(6) 实施征收补偿，落实征收补偿。

需要注意的是，因新《土地管理法实施条例》刚施行不久，对于其中的土地征收前期工作、征收预公告等新规定，实践中还需要一定时间逐步调整。因此，一些已经在进行中的征收工作程序可能还是延续旧条例的相关规定，不过整体差别不大。

法律依据

《中华人民共和国土地管理法实施条例》

第二十六条　需要征收土地，县级以上地方人民政府认为符合《土地管理法》第四十五条规定的，应当发布征收土地预公告，并开展拟征收土地现状调查和社会稳定风险评估。

征收土地预公告应当包括征收范围、征收目的、开展土地现状调查的安排等内容。征收土地预公告应当采用有利于社会公众知晓的方式，在拟征收土地所在的乡（镇）和村、村民小组范围内发布，预公告时间不少于十个工作日。

第二十七条　县级以上地方人民政府应当依据社会稳定风险评估结果，结合土地现状调查情况，组织自然资源、财政、农业农村、人力资源和社会保障等有关部门拟定征地补偿安置方案。

征地补偿安置方案应当包括征收范围、土地现状、征收目的、补偿方式和标准、安置对象、安置方式、社会保障等内容。

第二十八条　征地补偿安置方案拟定后，县级以上地方人民政府应当在拟征收土地所在的乡（镇）和村、村民小组范围内公告，公告时间不少于三十日。

征地补偿安置公告应当同时载明办理补偿登记的方式和期限、异议反馈渠道等内容。

多数被征地的农村集体经济组织成员认为拟定的征地补偿安置方案不符合法律、法规规定的，县级以上地方人民政府应当组织听证。

第二十九条　县级以上地方人民政府根据法律、法规规定和听证会等情况确定征地补偿安置方案后，应当组织有关部门与拟征收土地的所有权人、使用权人签订征地补偿安置协议。征地补偿安置协议示范文本由省、自治区、直辖市人民政府制定。

对个别确实难以达成征地补偿安置协议的，县级以上地方人民政府应当在申请征收土地时如实说明。

第三十条　县级以上地方人民政府完成本条例规定的征地前期工作后，方可提出征收土地申请，依照《土地管理法》第四十六条的规定报有批准权的人民政府批准。

第三十一条　征收土地申请经依法批准后，县级以上地方人民政府应当自收到批准文件之日起十五个工作日内在拟征收土地所在的乡（镇）和村、村民小组范围内发布征收土地公告，公布征收范围、征收时间等具体工作安排，对个别未达成征地补偿安置协议的应当作出征地补偿安置决定，并依法组织实施。

盛廷提示

实践中大部分补偿不合理的征收行为，都存在违法点，比如没有征地公告、补偿方案和批文，没有先补偿后拆迁等，被征收人要勇于拿起法律武器维护自己的正当利益。

六十三　遇到强制拆除怎么办?

案例故事

因修建房屋时没有办理相关审批手续，村民崔宇收到限期拆除通知，被告知房屋被认定为违法建筑，要在一定期限内自行拆除。崔宇不认为自己的房屋是违建，拒绝拆除房屋。直到有一天夜里11点左右，镇上的工作人员及一些不明身份的人员戴着钢盔、口罩，手持盾牌来到崔宇家，直接强行将房屋内的物品搬到外边，导致部分物品损坏、无法正常使用，随后崔宇的房屋也被强制拆除。崔宇该如何维护自己的合法权益?

案例解析

遇到这种情况，崔宇应该在保护好自身安全的前提下，尽快拨打 110 报警，并尽可能拍摄强拆的视频、图片，留取证据。

1. 当感知到房屋有被强拆的风险时，要做好以下准备：

（1）转移家里的贵重物品、证件。强拆发生时，屋内物品往往会被埋在废墟中，造成财产损坏，提前转移（如交给亲戚朋友暂管等）可以有效避免一部分损失。

（2）提前对房屋内外进行拍照录像。对家里的里里外外、装潢装饰、所有物品都进行拍照录像，如果没有留存这些证据，之后要求赔偿物品损失时，会由于举证不力追偿困难。

（3）尽量保证家里随时有人。防止相关人员趁家里没人对房屋进行偷拆，偷拆不仅会对财产利益造成损失，还会导致被偷拆人无法对偷拆现场进行录像拍照，不能及时保留证据。

（4）提前拜托邻居、朋友如果发生强拆帮忙拍照、录像取证并报警。强拆发生时，当事人及其家人可能会被控制人身自由、被收走其通信设备，以致无法与外界联系、报警等。

2. 如果强拆已经发生，最要紧的就是在保护好人身安全的前提下取证：

（1）报警。大多数情况下报警并不能阻止强拆的进行，但报警是获取证据的一个方式，警察一般会告知当事人是谁强拆及为什么强拆。因此报警能够帮助当事人确定强拆主体，为后续维权做准备。报警时一定要录音，录下警察说的“强拆是政府行为”，并继续追问是哪一级政府。录音中的这些关键性信息将会成为确认强拆违法诉讼被告资格的证据之一。如果报警后警察不出警，应反复拨打电话，直到录到对方说出“这次强拆是政府行为”的话为止。

（2）拍照录像。对拆除过程全程录像，对关键性强拆过程进行拍照，并对来到现场的政府工作人员拍照，所拍摄的照片或视频要能够看出政府工作人员的身份，确定某相关行政单位实际参与了强拆，有利于后续维权时以此确认强拆违法行为的被告。

做完取证工作之后，接下来就是尽快向专业律师咨询起诉维权事宜。在知道强拆的行政行为的情况下，行政诉讼的起诉期限是6个月，超过起诉期限维权就困难了。

法律依据

《中华人民共和国人民警察法》

第二条　人民警察的任务是维护国家安全，维护社会治安秩序，保护公民的人身安全、人身自由和合法财产，保护公共财产，预防、制止和惩治违法犯罪活动。

《中华人民共和国行政诉讼法》

第四十六条　公民、法人或者其他组织直接向人民法院提起诉讼的，应当自知道或者应当知道作出行政行为之日起六个月内提出。法律另有规定的除外。

盛廷提示

强拆发生时，切记要保护好自己的人身安全，任何时候都不要和强拆方发生冲突，做好取证工作是关键。

六十四　被迫签订的征地补偿协议是否有效？　应该怎么办？

案例故事

张二妹的子女长期在外打工，家中只有她自己。2011年，镇政府找上门说村里要进行征收拆迁，她的房子在征收范围内。张二妹把这个消息告诉了在外地的子女。孩子们怀疑补偿有问题，让她暂时不要签字。几天后，来了三十多个人堵住了张二妹的家门，还断了她家里的水电。邻居劝她说：“别人都签字了，你也签了算了！反正胳膊拧不过大腿。”最后，张二妹在这群人的胁迫下签了字，子女赶回来为时已晚。张二妹想知道，自己被迫签的征地补偿协议是不是有效？自己接下来该怎么办？

案例解析

张二妹被胁迫签订的协议无效，她可以到法院起诉，要求撤销这份协议。

根据《民法典》的规定，合同一方以欺诈、胁迫等手段签订的合同，违反了协议自愿的原则，可以主张协议无效。从维护法律关系稳定性和保障绝大多数被征地农民的合法安置补偿的角度出发，“胁迫签字”的行为不仅不合理，而且违法。

合同当事人是否被胁迫，可以从以下四个方面进行判断：

（1）胁迫人具有胁迫的故意，即明知道自己的行为会对被胁迫人造成恐惧而故意威胁，或希望通过胁迫行为要求被胁迫人表达出某种意思。

（2）胁迫人实施了胁迫行为，以直接损害被胁迫人的相关利益做威胁，如断水断电、非法拘禁、关押等，或以被胁迫人的亲属为要挟，让被胁迫人感到生命健康、荣誉、名誉或财产安全受到威胁。

（3）被胁迫人因为胁迫行为签订了合同，即合同的签订与胁迫行为具有一定的因果关系。

（4）胁迫行为是非法的，即合同一方对于合同内容有歧义，且胁迫方使用非常手段对被胁迫方施加压力进而达成协议。

村民如果被胁迫签订了补偿协议，可以到法院起诉撤销这份协议。

法律依据

《中华人民共和国民法典》

第一百五十条　一方或者第三人以胁迫手段，使对方在违背真实意思的情况下实施的民事法律行为，受胁迫方有权请求人民法院或者仲裁机构予以撤销。

盛廷提示

村民被逼签协议后，一定要及时到人民法院去起诉维权。

六十五　房屋、土地征收中签了空白补偿协议怎么办？

案例故事

2018年顾家居住的村庄被集体征收，要求年底前全部搬迁。由于补偿标准不合理，顾老先生拒绝签署补偿安置协议。但是政府的征收并没有因此而停止，邻居家的房屋陆续被拆除了，顾家全家人都非常焦虑，尤其是顾老太太，本来就有点神经衰弱。这一天，顾老先生去城里办事，孩子也不在家，就老太太一个人在家。突然家里来了一大群人，围着老太太让签协议，老太太实在没办法，在一份空白协议上签了名字，这些人才散去。顾老先生赶回家的时候才得知签了空白协议，他想知道下一步该怎么办。

案例解析

顾老先生一定要采取补救措施，及时采取法律措施确认协议无效。

空白协议就是征收方提供的一份协议，但是在关于如何安置、补偿金额、安置房面积等关键数据方面空白，只是承诺给被征收人满意的补偿安置。一旦签了字，拆迁方回去怎么填充这份协议，被征收人无从知晓。遇到这种情况怎么办呢？

律师强烈建议被征收人不要签订空白协议，如果已经签订了，一定要采取补救措施。如签约当场将空白协议、征收方、签字过程等完整录制下来；也可以采用录音方式，将人员称谓、口头承诺等录制下来。若空白协议不在被拆迁人手中，被拆迁人可与拆迁方交涉，同时要注意收集和保留证据，无论是照片、书面文件还是录音、录像等，只要能够证明当时签订的是空白合同，均可作为证据。

接下来，就要采取法律途径确认空白协议无效。依据我国相关法律的规定，空白的安置补偿协议只有被征收人签字的，如果后面添加的条款不是双方原先协商的，协议不是当事人真实的意思表示，是无效的。政府行政许可行为被撤销或确认为违法，签订的补偿协议的合法性就存在问题，当事人可依法请求确认协议无效。

法律依据

《中华人民共和国土地管理法》

第四十八条　征收土地应当给予公平、合理的补偿，保障被征地农民原有生活水平不降低、长远生计有保障。

征收土地应当依法及时足额支付土地补偿费、安置补助费以及农村村民住宅、其他地上附着物和青苗等的补偿费用，并安排被征地农民的社会保障费用。

征收农用地的土地补偿费、安置补助费标准由省、自治区、直辖市通过制定公布区片综合地价确定。制定区片综合地价应当综合考虑土地原用途、土地资源条件、土地产值、土地区位、土地供求关系、人口以及经济社会发展水平等因素，并至少每三年调整或者重新公布一次。

征收农用地以外的其他土地、地上附着物和青苗等的补偿标准，由省、自治区、直辖市制定。对其中的农村村民住宅，应当按照先补偿后搬迁、居住条件有改善的原则，尊重农村村民意愿，采取重新安排宅基地建房、提供安置房或者货币补偿等方式给予公平、合理的补偿，并对因征收造成的搬迁、临时安置等费用予以补偿，保障农村村民居住的权利和合法的住房财产权益。

县级以上地方人民政府应当将被征地农民纳入相应的养老等社会保障体系。被征地农民的社会保障费用主要用于符合条件的被征地农民的养老保险等社会保险缴费补贴。被征地农民社会保障费用的筹集、管理和使用办法，由省、自治区、直辖市制定。

盛廷提示

空白协议不可签，尽快维权诉无效。

六十六　符合什么条件才能征收集体土地？

案例故事

周博通家住的周家村面临土地征收，他觉得这是一件好事，可是听说村里是将土地征收用于工厂建设。征收的土地距离周博通家不远，他担心工厂建成后会影响到自己的生活，不想把土地交出去。村里大部分村民都已经签了补偿协议，只有周博通等少数几户还没签。几天后，周博通等人陆续收到自然资源局下发的责令交出土地决定书。周博通想知道，符合什么条件才能征收集体土地？如果这次征收是非法的，他该怎样维权？

案例解析

我国法律对农业用地转为建设用地规定了严格的审批程序，凡是不按照规定程序对集体土地进行征收的行为都是违法的。

1. 满足以下五点才能够征收集体土地：

（1）征收集体土地必须由县级以上政府实施。

（2）必须是为了公共利益的需要，如公共基础设施建设、移民搬迁、公益事业等的需要。

（3）征收集体土地必须由省级以上政府批准，其中征收永久基本农田、永久基本农田以外的耕地超过三十五公顷的，其他土地超过七十公顷的，必须经国务院批准。

（4）必须进行土地征收公告，包括征收土地方案和征地补偿安置方案等政府批文。

（5）必须给予公平合理的补偿，保障被征收农民原有生活水平不降低。

2. 土地被非法征收可以通过下面三种方式维权：

（1）向当地土地主管部门举报，有关土地主管部门对违法行为依法制止。

（2）向当地行政主管部门进行检举，如镇政府等，通过政府公权力进行干预。

（3）涉及暴力侵犯人身权利、损毁财物的，需要向当地公安机关报案。

法律依据

《中华人民共和国土地管理法》

第四十五条　为了公共利益的需要，有下列情形之一，确需征收农民集体所有的土地的，可以依法实施征收：

（一）军事和外交需要用地的；

（二）由政府组织实施的能源、交通、水利、通信、邮政等基础设施建设需要用地的；

（三）由政府组织实施的科技、教育、文化、卫生、体育、生态环境和资源保护、防灾减灾、文物保护、社区综合服务、社会福利、市政公用、优抚安置、英烈保护等公共事业需要用地的；

（四）由政府组织实施的扶贫搬迁、保障性安居工程建设需要用地的；

（五）在土地利用总体规划确定的城镇建设用地范围内，经省级以上人民政府批准由县级以上地方人民政府组织实施的成片开发建设需要用地的；

（六）法律规定为公共利益需要可以征收农民集体所有的土地的其他情形。

前款规定的建设活动，应当符合国民经济和社会发展规划、土地利用总体规划、城乡规划和专项规划；第（四）项、第（五）项规定的建设活动，还应当纳入国民经济和社会发展年度计划；第（五）项规定的成片开发并应当符合国务院自然资源主管部门规定的标准。

第四十六条　征收下列土地的，由国务院批准：

（一）永久基本农田；

（二）永久基本农田以外的耕地超过三十五公顷的；

（三）其他土地超过七十公顷的。

征收前款规定以外的土地的，由省、自治区、直辖市人民政府批准。

征收农用地的，应当依照本法第四十四条的规定先行办理农用地转用审批。其中，经国务院批准农用地转用的，同时办理征地审批手续，不再另行办理征地审批；经省、自治区、直辖市人民政府在征地批准权限内批准农用地转用的，同时办理征地审批手续，不再另行办理征地审批，超过征地批准权限的，应当依照本条第一款的规定另行办理征地审批。

第四十七条　国家征收土地的，依照法定程序批准后，由县级以上地方人民政府予以公告并组织实施。

县级以上地方人民政府拟申请征收土地的，应当开展拟征收土地现状调查和社会稳定风险评估，并将征收范围、土地现状、征收目的、补偿标准、安置方式和社会保障等在拟征收土地所在的乡（镇）和村、村民小组范围内公告至少三十日，听取被征地的农村集体经济组织及其成员、村民委员会和其他利害关系人的意见。

多数被征地的农村集体经济组织成员认为征地补偿安置方案不符合法律、法规规定的，县级以上地方人民政府应当组织召开听证会，并根据法律、法规的规定和听证会情况修改方案。

拟征收土地的所有权人、使用权人应当在公告规定期限内，持不动产权属证明材料办理补偿登记。县级以上地方人民政府应当组织有关部门测算并落实有关费用，保证足额到位，与拟征收土地的所有权人、使用权人就补偿、安置等签订协议；个别确实难以达成协议的，应当在申请征收土地时如实说明。

相关前期工作完成后，县级以上地方人民政府方可申请征收土地。

盛廷提示

土地是农民赖以生存的保障，征收集体土地需要为农民的生计考虑，保证农民的生活水平不降低。

六十七　征收集体土地由哪些政府部门批准？

案例故事

刘建国是刘家村的村民，在本村拥有一块承包的耕地，承包期限从1998年起到2028年止，承包期为30年。2020年，刘家村村民委员会突然通知刘建国耕地要被国家征收，要求刘建国自行清理青苗并把土地腾空，否则就要强制推平土地。刘建国懵了，他没见过任何征收的公告，也没听说征收的消息，怎么就要交地了呢？土地是随便几句话就能被征收的吗？

案例解析

征收土地一般至少要由省级人民政府批准，不是随便一级政府就可以批准的。

征收土地的程序是很繁杂的，因为耕地保护是国家的基本国策。也就是说，国家的政策是保护土地，地方政府如果想利用土地进行建设，需要经过多项审批程序。征收耕地的，还需要落实耕地补偿，使本行政区划内耕地的面积不低于相应标准。

具体而言，征收的土地性质特殊或面积较大的，需要国务院批准，包括征收永久基本农田、征收非永久基本农田的耕地超过三十五公顷以及征收其他土地超过七十公顷的。如果征收的土地性质或面积不属于以上范围，则由省级政府（包括省、自治区、直辖市政府）批准即可。

此外，县级以上政府申请征收土地前，需要进行公告、征求当地村民意见等。所以村委会在刘建国完全没听说过征收这件事的情况下，直接告知他征收腾地，是不符合相关法律规定的。

法律依据

《中华人民共和国土地管理法》

第四条　国家实行土地用途管制制度。

国家编制土地利用总体规划，规定土地用途，将土地分为农用地、建设用地和未利用地。严格限制农用地转为建设用地，控制建设用地总量，对耕地实行特殊保护。

第三十条　国家保护耕地，严格控制耕地转为非耕地。

国家实行占用耕地补偿制度。非农业建设经批准占用耕地的，按照“占多少，垦多少”的原则，由占用耕地的单位负责开垦与所占用耕地的数量和质量相当的耕地；没有条件开垦或者开垦的耕地不符合要求的，应当按照省、自治区、直辖市的规定缴纳耕地开垦费，专款用于开垦新的耕地。

省、自治区、直辖市人民政府应当制定开垦耕地计划，监督占用耕地的单位按照计划开垦耕地或者按照计划组织开垦耕地，并进行验收。

第四十六条　征收下列土地的，由国务院批准：

（一）永久基本农田；

（二）永久基本农田以外的耕地超过三十五公顷的；

（三）其他土地超过七十公顷的。

征收前款规定以外的土地的，由省、自治区、直辖市人民政府批准。

征收农用地的，应当依照本法第四十四条的规定先行办理农用地转用审批。其中，经国务院批准农用地转用的，同时办理征地审批手续，不再另行办理征地审批；经省、自治区、直辖市人民政府在征地批准权限内批准农用地转用的，同时办理征地审批手续，不再另行办理征地审批，超过征地批准权限的，应当依照本条第一款的规定另行办理征地审批。

第四十七条　国家征收土地的，依照法定程序批准后，由县级以上地方人民政府予以公告并组织实施。

县级以上地方人民政府拟申请征收土地的，应当开展拟征收土地现状调查和社会稳定风险评估，并将征收范围、土地现状、征收目的、补偿标准、安置方式和社会保障等在拟征收土地所在的乡（镇）和村、村民小组范围内公告至少三十日，听取被征地的农村集体经济组织及其成员、村民委员会和其他利害关系人的意见。

盛廷提示

征收土地需要进行多环节的审批手续，视征收土地情况不同可能由国务院或省、自治区、直辖市人民政府进行批准。拟征收前还有调查、公告和听取意见等程序。

六十八　农民对征地补偿不满意怎么办？

案例故事

这两天村里贴满了各种李玉琴看不懂的征地公告、通知，关于法律是怎么规定的、这次征地是否是依程序进行的，李玉琴并不清楚，但是这次征收他们家宅基地300平方米，换算下来，每平方米只给补偿200元钱。而李玉琴所在的村子离城区不到3公里，周边的商品房都卖到每平方米四五千元了。如果按照每平方米200元的补偿，根本建不起新房，也买不起新房。李玉琴想知道，对补偿标准不满意该怎么办？

案例解析

如果对补偿不满意，不要急于签字，可以通过协商谈判、行政复议或者行政诉讼的办法解决补偿问题。

在解决补偿不满意的问题前，要先了解法律规定征地农民可以获得哪些补偿，而补偿的原则就是“征收土地应当给予公平、合理的补偿，保障被征地农民原有生活水平不降低、长远生计有保障”，根据《土地管理法》第四十八条规定，具体包括：土地补偿费、安置补助费以及农村村民住宅、其他地上附着物和青苗等的补偿费用及被征地农民的社会保障费用。其中土地补偿费、安置补助费标准由省、自治区、直辖市通过制定公布区片综合地价确定，至少每三年调整或者重新公布一次。征收农用地以外的其他土地、地上附着物和青苗等的补偿标准，由省、自治区、直辖市制定。

当对征收补偿标准不满意时，究竟应该怎么办呢？

根据《土地管理法》的规定，在报请征地之前，县级政府要将补偿标准、安置方式和社会保障等进行公告至少30日，并听取被征收人的意见。对于多数被征地农民认为征地补偿安置方案不符合法律、法规规定的，县级政府应当组织召开听证会，并根据法律、法规的规定和听证会情况修改方案。

在2021年《土地管理法实施条例》修改以前，对补偿标准有争议的，由县级以上地方人民政府协调；协调不成的，由批准征收土地的人民政府裁决。

法律依据

《中华人民共和国土地管理法》

第四十七条　国家征收土地的，依照法定程序批准后，由县级以上地方人民政府予以公告并组织实施。

县级以上地方人民政府拟申请征收土地的，应当开展拟征收土地现状调查和社会稳定风险评估，并将征收范围、土地现状、征收目的、补偿标准、安置方式和社会保障等在拟征收土地所在的乡（镇）和村、村民小组范围内公告至少三十日，听取被征地的农村集体经济组织及其成员、村民委员会和其他利害关系人的意见。

多数被征地的农村集体经济组织成员认为征地补偿安置方案不符合法律、法规规定的，县级以上地方人民政府应当组织召开听证会，并根据法律、法规的规定和听证会情况修改方案。

拟征收土地的所有权人、使用权人应当在公告规定期限内，持不动产权属证明材料办理补偿登记。县级以上地方人民政府应当组织有关部门测算并落实有关费用，保证足额到位，与拟征收土地的所有权人、使用权人就补偿、安置等签订协议；个别确实难以达成协议的，应当在申请征收土地时如实说明。

相关前期工作完成后，县级以上地方人民政府方可申请征收土地。

第四十八条　征收土地应当给予公平、合理的补偿，保障被征地农民原有生活水平不降低、长远生计有保障。

征收土地应当依法及时足额支付土地补偿费、安置补助费以及农村村民住宅、其他地上附着物和青苗等的补偿费用，并安排被征地农民的社会保障费用。

征收农用地的土地补偿费、安置补助费标准由省、自治区、直辖市通过制定公布区片综合地价确定。制定区片综合地价应当综合考虑土地原用途、土地资源条件、土地产值、土地区位、土地供求关系、人口以及经济社会发展水平等因素，并至少每三年调整或者重新公布一次。

征收农用地以外的其他土地、地上附着物和青苗等的补偿标准，由省、自治区、直辖市制定。对其中的农村村民住宅，应当按照先补偿后搬迁、居住条件有改善的原则，尊重农村村民意愿，采取重新安排宅基地建房、提供安置房或者货币补偿等方式给予公平、合理的补偿，并对因征收造成的搬迁、临时安置等费用予以补偿，保障农村村民居住的权利和合法的住房财产权益。

县级以上地方人民政府应当将被征地农民纳入相应的养老等社会保障体系。被征地农民的社会保障费用主要用于符合条件的被征地农民的养老保险等社会保险缴费补贴。被征地农民社会保障费用的筹集、管理和使用办法，由省、自治区、直辖市制定。

《土地管理法实施条例》（2014年修订）

第二十五条　第三款

市、县人民政府土地行政主管部门根据经批准的征收土地方案，会同有关部门拟订征地补偿、安置方案，在被征收土地所在地的乡（镇）、村予以公告，听取被征收土地的农村集体经济组织和农民的意见。征地补偿、安置方案报市、县人民政府批准后，由市、县人民政府土地行政主管部门组织实施。对补偿标准有争议的，由县级以上地方人民政府协调；协调不成的，由批准征收土地的人民政府裁决。征地补偿、安置争议不影响征收土地方案的实施。

盛廷提示

虽然征收补偿方案由政府部门直接作出，但是在征收过程中被征收人依然可以参与其中，发表自己的意见。法律不保护躺在权利上睡觉的人，所以看到相关征求意见文件后，如果有异议一定要勇敢说出来。

六十九　遇到“以拆违代拆迁”情况怎么办？

案例故事

最近大柳树村的村民王二民遇到一件麻烦事儿，他家在1995年建的房子被政府认定为违法建筑，镇政府向他下发了《责令限期拆除通知书》。正好当地最近在搞拆迁，王二民认为事情没有这么简单，为什么房子快30年了，一直好好的，偏偏遇到拆迁的时候，就变成违建了？这种情况，政府应不应该给他补偿？

案例解析

王二民很可能遇到了征收拆迁中常见的“以拆违代拆迁”情况，也即征收方以认定违建的方式推进拆迁进度，降低拆迁成本。

但是，违法建筑的认定，无论是程序上，还是实体上，都有严格的规定。认定违法建筑的法律依据主要是《城乡规划法》，其中第六十四条和第六十五条明确规定，只有取得规划许可证或按照规划许可证的要求建设的，才是合法的，否则会根据不同情况采取限期拆除等行政行为（如果在不违反规划的情况下补办证件，也能够成为合法房屋）。

但需要注意的是，并非无证房屋就一定是违法建筑。无证房屋一般是指没有经过登记，无法在不动产登记部门查到或者是缺少房屋产权证的房屋。然而在农村一段历史时期内，房屋建设审批、登记制度不完善，导致不少房屋变成了“无证房屋”，形成了历史遗留问题。无证房屋是不是违建不能用“一刀切”的方式来进行认定，2008年施行的《城乡规划法》，明确了违建的概念，而对于违建的判断，不仅要看是否符合法律规定，更要尊重历史情况，依据建筑当时的条件、状态等综合判断；另外，认定违法建筑的法定依据应该充分，在考虑历史原因的前提下，适用法律应遵循立法精神。

根据《中华人民共和国城乡规划法》第六十四、第六十五条与《行政处罚法》第七条的规定，违法建筑的认定需要经过法定的程序，并且给予陈述、申辩、复议和诉讼等救济权利，不能违法实施强拆行为。因此，遇到“以拆违代拆迁”情况，需向作出违建认定的机关提出异议，并在法定的期限内申请复议或者提起诉讼。

法律依据

《中华人民共和国城乡规划法》

第六十四条　未取得建设工程规划许可证或者未按照建设工程规划许可证的规定进行建设的，由县级以上地方人民政府城乡规划主管部门责令停止建设；尚可采取改正措施消除对规划实施的影响的，限期改正，处建设工程造价百分之五以上百分之十以下的罚款；无法采取改正措施消除影响的，限期拆除，不能拆除的，没收实物或者违法收入，可以并处建设工程造价百分之十以下的罚款。

第六十五条　在乡、村庄规划区内未依法取得乡村建设规划许可证或者未按照乡村建设规划许可证的规定进行建设的，由乡、镇人民政府责令停止建设、限期改正；逾期不改正的，可以拆除。

《中华人民共和国行政处罚法》

第七条　公民、法人或者其他组织对行政机关所给予的行政处罚，享有陈述权、申辩权；对行政处罚不服的，有权依法申请行政复议或者提起行政诉讼。

盛廷提示

违建需经合法程序认定，未经合法程序认定以拆违替代拆迁的行为没有法律依据。

第四章　农村养殖用地

七十 建养殖场能占用耕地和永久基本农田吗?

案例故事

2020 年 3 月，刘芳花响应国家号召，承包 2 亩荒地建了养猪场。转包合同签订之后，刘芳花投资了十几万元购买建材和小猪。看着自己养的小猪越长越大，刘芳花心里乐开了花，就在这时候，村委会的干部找上门来说她的养猪场是违法建筑，需要拆除，接着她就收到了镇政府发来的拆除通知书。几天后，镇政府带着几十个人和两台挖掘机要强拆她的养猪场，这个场面让刘芳花不敢上前阻拦，只能眼睁睁地看着养猪场被拆，还没出栏的小猪被砸死。刘芳花想知道，自己在农用地上盖的养殖场合法吗？为什么会被人说成是违建?

案例解析

刘芳花的养殖场不应被认定为违建。

2019 年，自然资源部、农业农村部联合印发的《关于设施农用地管理有关问题的通知》规定，设施农用地属于农业内部结构调整，可以使用一般耕地，且不需要落实占补平衡、不需要办理建设用地审批手续。但养殖场的建设前提是不能占用永久基本农田，允许少量占地，但必须补划。

1. 建设养殖场需要满足哪些条件?

（1）不能破坏种植条件，不能破坏耕地的耕作层。

（2）不能在农田保护区内建设，不能占用永久基本农田。

（3）禁养区内禁止修建养殖场，养殖场需远离河流、饮用水源和村庄。

（4）必须达到环评设计要求，取得《动物防疫条件合格证》。

2. 面对强拆，农民应如何维权？

确定拆迁行为是否合法，对于存在争议的文件，村民可以在文件下达60日内向当地主管部门提起行政复议或在6个月内向有管辖权的法院提起行政诉讼。

养殖场被非法拆除，农民可以向当地人民法院提起诉讼，申请国家赔偿。

法律依据

《中华人民共和国农村土地承包法》

第十八条　承包方承担下列义务：

（一）维持土地的农业用途，未经依法批准不得用于非农建设；

（二）依法保护和合理利用土地，不得给土地造成永久性损害；

（三）法律、行政法规规定的其他义务。

第六十三条　承包方、土地经营权人违法将承包地用于非农建设的，由县级以上地方人民政府有关主管部门依法予以处罚。

承包方给承包地造成永久性损害的，发包方有权制止，并有权要求赔偿由此造成的损失。

《自然资源部　农业农村部关于设施农业用地管理有关问题的通知》（自然资规〔2019〕4号）

一、设施农业用地包括农业生产中直接用于作物种植和畜禽水产养殖的设施用地。其中，作物种植设施用地包括作物生产和为生产服务的看护房、农资农机具存放场所等，以及与生产直接关联的烘干晾晒、分拣包装、保鲜存储等设施用地；畜禽水产养殖设施用地包括养殖生产及直接关联的粪污处置、检验检疫等设施用地，不包括屠宰和肉类加工场所用地等。

二、设施农业属于农业内部结构调整，可以使用一般耕地，不需落实占补平衡。种植设施不破坏耕地耕作层的，可以使用永久基本农田，不需补划；破坏耕地耕作层，但由于位置关系难以避让永久基本农田的，允许使用永久基本农田但必须补划。养殖设施原则上不得使用永久基本农田，涉及少量永久基本农田确实难以避让的，允许使用但必须补划。

盛廷提示

养殖用地属于设施农业用地，可以占用一般耕地，一般不能占用永久基本农田。

七十一　建设养殖场如何申请审批？

案例故事

刘阳阳是兴和村的村民，近日准备在兴和村承包一片土地用于建设养殖场。但是，刘阳阳最近看到了许多乱建养殖场被行政处罚的新闻，担心自己建设养殖场后也被拆除。刘阳阳收集了许多资料、询问了许多专业人士，但是对于如何申请审批养殖场，还是没有头绪。他想知道，建一个养殖场怎样申请才合法？

案例解析

养殖用地属于设施农业用地中的畜禽水产养殖的设施用地。根据《基本农田保护条例》第十七条：禁止任何单位和个人在基本农田保护区内建窑、建房、建坟、挖砂、采石、采矿、取土、堆放固体废弃物或者进行其他破坏基本农田的活动。禁止任何单位和个人占用基本农田发展林果业和挖塘养鱼。《自然资源部、农业农村部关于设施农业用地管理有关问题的通知》也规定：养殖设施原则上不得使用永久基本农田，涉及少量永久基本农田确实难以避让的，允许使用但必须补划。因此，建设养殖场可以占用一般耕地，原则上不得占用永久基本农田。

占用一般耕地建设养殖场的，用地要办理备案手续，由农村集体经济组织或经营者向乡镇政府备案，乡镇政府定期汇总情况后汇交至县级自然资源主管部门；涉及补划永久基本农田的，须经县级自然资源主管部门同意后方可动工建设。如果养殖场是标准的厂房建设，那么建该类厂房，仍然需要办理合法的用地手续，完成建设用地审批手续。

除用地审批之外，建设养殖场还要符合畜牧业发展规划、畜禽养殖污染防治规划，满足动物防疫条件，并进行环境影响评价。在动物防疫方面，需要向县级以上地方人民政府农业农村主管部门提出申请，办理动物防疫条件合格证。最后，需要申请工商登记，办理营业执照。

法律依据

《中华人民共和国土地管理法》

第十三条　第二款

国家所有依法用于农业的土地可以由单位或者个人承包经营，从事种植业、林业、畜牧业、渔业生产。

《自然资源部、农业农村部关于设施农业用地管理有关问题的通知》

四、市、县自然资源主管部门会同农业农村主管部门负责设施农业用地日常管理。国家、省级自然资源主管部门和农业农村主管部门负责通过各种技术手段进行设施农业用地监管。设施农业用地由农村集体经济组织或经营者向乡镇政府备案，乡镇政府定期汇总情况后汇交至县级自然资源主管部门。涉及补划永久基本农田的，须经县级自然资源主管部门同意后方可动工建设。

《畜禽规模养殖污染防治条例》

第十二条　新建、改建、扩建畜禽养殖场、养殖小区，应当符合畜牧业发展规划、畜禽养殖污染防治规划，满足动物防疫条件，并进行环境影响评价。对环境可能造成重大影响的大型畜禽养殖场、养殖小区，应当编制环境影响报告书；其他畜禽养殖场、养殖小区应当填报环境影响登记表。大型畜禽养殖场、养殖小区的管理目录，由国务院环境保护主管部门商国务院农牧主管部门确定。

《中华人民共和国动物防疫法》

第二十五条　第二款

开办动物饲养场和隔离场所、动物屠宰加工场所以及动物和动物产品无害化处理场所，应当向县级以上地方人民政府农业农村主管部门提出申请，并附具相关材料。受理申请的农业农村主管部门应当依照本法和《中华人民共和国行政许可法》的规定进行审查。经审查合格的，发给动物防疫条件合格证；不合格的，应当通知申请人并说明理由。

盛廷提示

养殖场建设不仅需要完成用地审批，还需要经过规划、防疫、环评、工商等多方面的审批，全部完成之后方可建设养殖场。

七十二　建设养殖场需要离居住区多远?

案例故事

郭壮壮向村委会租了一块地来办养殖场。一段时间后，周围的村民都向村委会反映，郭壮壮的养殖场散发出的味道实在是太难闻了，刮风的时候家里关上窗户都臭气熏天，严重地影响了他们的日常生活。郭壮壮感觉很委屈，他认为他的养殖场跟村庄还有一段距离，不会影响到村民的生活，如果拆掉重建将损失巨大。郭壮壮想知道，建养殖场到底要离居住区多远?

案例解析

养殖场选址应当设在禁建区域常年主导风向的下风向或侧风向处，且距离城镇居民区 500 米以上，与村镇住宅区的卫生防护距离，应参考相关标准进行确定。

根据环境保护行业标准《畜禽养殖业污染防治技术规范》（HJ/T 81—

2001）中关于畜禽养殖场的选址要求：禁止在城市和城镇居民区，包括文教科研区、医疗区、商业区、工业区、游览区等人口集中地区建设畜禽养殖场；新建、改建、扩建的畜禽养殖场选址应避开本规范规定的禁建区域，在禁建区域附近建设的，应设在前述禁建区域常年主导风向的下风向或侧风向处，场界与禁建区域边界的最小距离不得小于500米。

《村镇规划卫生规范》（GB 18055—2012）对养猪场和住宅区的距离作出了相关规定。养猪500~10000头、10000~25000头的，卫生防护距离应该分别为200~800米、800~1000米。在地形复杂的地方，还需要根据环境影响评价报告，由建设单位主管部门与建设项目所在省、市、自治区的卫生、环境保护部门共同确定。

法律依据

《畜禽规模养殖污染防治条例》

第十一条　禁止在下列区域内建设畜禽养殖场、养殖小区：

（一）饮用水水源保护区，风景名胜区；

（二）自然保护区的核心区和缓冲区；

（三）城镇居民区、文化教育科学研究区等人口集中区域；

（四）法律、法规规定的其他禁止养殖区域。

第三十七条　违反本条例规定，在禁止养殖区域内建设畜禽养殖场、养殖小区的，由县级以上地方人民政府环境保护主管部门责令停止违法行为；拒不停止违法行为的，处3万元以上10万元以下的罚款，并报县级以上人民政府责令拆除或者关闭。在饮用水水源保护区建设畜禽养殖场、养殖小区的，由县级以上地方人民政府环境保护主管部门责令停止违法行为，处10万元以上50万元以下的罚款，并报经有批准权的人民政府批准，责令拆除或者关闭。

《中华人民共和国水污染防治法》

第七十三条　国务院和省、自治区、直辖市人民政府根据水环境保护的需要，可以规定在饮用水水源保护区内，采取禁止或者限制使用含磷洗涤剂、化肥、农药以及限制种植养殖等措施。

第九十一条　有下列行为之一的，由县级以上地方人民政府环境保护主管部门责令停止违法行为，处十万元以上五十万元以下的罚款；并报经有批准权的人民政府批准，责令拆除或者关闭：

（一）在饮用水水源一级保护区内新建、改建、扩建与供水设施和保护水源无关的建设项目的；

（二）在饮用水水源二级保护区内新建、改建、扩建排放污染物的建设项目的；

（三）在饮用水水源准保护区内新建、扩建对水体污染严重的建设项目，或者改建建设项目增加排污量的。

在饮用水水源一级保护区内从事网箱养殖或者组织进行旅游、垂钓或者其他可能污染饮用水水体的活动的，由县级以上地方人民政府环境保护主管部门责令停止违法行为，处二万元以上十万元以下的罚款。个人在饮用水水源一级保护区内游泳、垂钓或者从事其他可能污染饮用水水体的活动的，由县级以上地方人民政府环境保护主管部门责令停止违法行为，可以处五百元以下的罚款。

盛廷提示

发家致富勿心急，选址需要量距离。若是地形很复杂，还需政府批一批。

七十二　建设农业大棚需要审批吗？对看护房面积有要求吗？

案例故事

郭壮壮想通过大棚种植反季蔬菜发家致富，向村委会租了一块场地，正准备搭建大棚时，听人说建大棚需要审批，不审批会罚款。郭壮壮想了解一下：建大棚是否需要审批？对看护房的面积有没有要求？

案例解析

建农业大棚需要备案不需要审批，看护房面积不能超过标准。

根据对《自然资源部、农业农村部关于设施农业用地管理有关问题的通知》的解读，农业大棚占用设施农业用地，可以使用一般耕地，原则上不占用基本农田，设施农业用地不需要审批，设施农业经营者与农村集体经济组织就用地事宜协商一致后即可动工建设，由农村集体经济组织或经营者向乡镇政府备案，乡镇政府定期汇总情况后汇交至县级自然资源主管部门。但涉及使用并补划永久基本农田的，须事先经县级自然资源主管部门同意后方可动工建设。

看护房面积标准：南方地区控制在“单层、15 平方米以内”，北方地区控制在“单层、22.5 平方米以内”，其中严寒地区控制在“单层、30 平方米以内”（占地面积超过 2 亩的农业大棚，其看护房控制在“单层、40 平方米以内”）。

法律依据

《自然资源部、农业农村部关于设施农业用地管理有关问题的通知》（自然资规〔2019〕4 号）

一、设施农业用地包括农业生产中直接用于作物种植和畜禽水产养殖的设施用地。其中，作物种植设施用地包括作物生产和为生产服务的看护房、农资农机具存放场所等，以及与生产直接关联的烘干晾晒、分拣包装、保鲜存储等设施用地；畜禽水产养殖设施用地包括养殖生产及直接关联的粪污处置、检验检疫等设施用地，不包括屠宰和肉类加工场所用地等。

二、设施农业属于农业内部结构调整，可以使用一般耕地，不需落实占补平衡。种植设施不破坏耕地耕作层的，可以使用永久基本农田，不需补划；破坏耕地耕作层，但由于位置关系难以避让永久基本农田的，允许使用永久基本农田但必须补划。养殖设施原则上不得使用永久基本农田，涉及少量永久基本农田确实难以避让的，允许使用但必须补划。

三、各类设施农业用地规模由各省（区、市）自然资源主管部门会同农业农村主管部门根据生产规模和建设标准合理确定。其中，看护房执行“大棚房”问题专项清理整治整改标准，养殖设施允许建设多层建筑。

四、市、县自然资源主管部门会同农业农村主管部门负责设施农业用地日常管理。国家、省级自然资源主管部门和农业农村主管部门负责通过各种技术手段进行设施农业用地监管。设施农业用地由农村集体经济组织或经营者向乡镇政府备案，乡镇政府定期汇总情况后汇交至县级自然资源主管部门。涉及补划永久基本农田的，须经县级自然资源主管部门同意后方可动工建设。

盛廷提示

不占基本农田不用批，看护房面积要比标准低。

七十四　养殖场被禁养、关停怎么办？

案例故事

因兴和村招商引资项目，李大强经人介绍来到该村，向村委会租用了一块闲置土地建设养殖场，租期为20年。仅经营了5年，当地政府部门的工作人员就找上门来，要求李大强关停养殖场。李大强不明白，他是向村委会租用的土地，也明说了要建养殖场，村委会也没说有什么问题，为什么这才5年过去，养殖场初见规模，就不让开了呢？

案例解析

关于养殖场被禁养或关停如何处理，主要还是看被禁养或关停的原因。

第一种情况是养殖场建在永久基本农田上了。如果是这种情况，建议直接关停养殖场，不要在法律程序上浪费时间，扩大损失。因为永久基本农田是国家最重要的耕地红线，在永久基本农田上一概不允许建房、建窑、挖砂、采石等。甚至如果非法占用基本农田范围过大，可能会涉嫌犯罪。

第二种情况是建在普通耕地上。国家是允许在普通农业用地上建设养殖场的，只要不是建在环保部门划定的禁养区都是可以的。但是需要注意的是，这一规定只适用于养殖用的大棚等相关设施建设，如果建设了永久性的建筑物（比如砖瓦结构的办公室等），还是很容易被认定为违法建设。一旦遇到认定违建的情况，可以补办相关备案手续并向执法部门说明。如执法部门不认可，可以通过法律程序维权。

第三种情况就是当地存在征收项目。这种情况下，政府部门或村委会试图以认定违建并要求关停养殖场的形式来降低需要支出的征收补偿。建议咨询律师并进行调查，确认之后可以通过法律程序获得合理补偿。

法律依据

《基本农田保护条例》

第十七条　禁止任何单位和个人在基本农田保护区内建窑、建房、建坟、挖砂、采石、采矿、取土、堆放固体废弃物或者进行其他破坏基本农田的活动。

禁止任何单位和个人占用基本农田发展林果业和挖塘养鱼。

《最高人民法院关于审理破坏土地资源刑事案件具体应用法律若干问题的解释》（法释〔2000〕14号）

第三条　违反土地管理法规，非法占用耕地改作他用，数量较大，造成耕地大量毁坏的，依照刑法第三百四十二条的规定，以非法占用耕地罪定罪处罚：

（一）非法占用耕地“数量较大”，是指非法占用基本农田五亩以上或者非法占用基本农田以外的耕地十亩以上。

（二）非法占用耕地“造成耕地大量毁坏”，是指行为人非法占用耕地建窑、建坟、建房、挖沙、采石、采矿、取土、堆放固体废弃物或者进行其他非农业建设，造成基本农田五亩以上或者基本农田以外的耕地十亩以上种植条件严重毁坏或者严重污染。

《中华人民共和国畜牧法》

第三十七条　国家支持农村集体经济组织、农民和畜牧业合作经济组织建立畜禽养殖场、养殖小区，发展规模化、标准化养殖。乡（镇）土地利用总体规划应当根据本地实际情况安排畜禽养殖用地。农村集体经济组织、农民、畜牧业合作经济组织按照乡（镇）土地利用总体规划建立的畜禽养殖场、养殖小区用地按农业用地管理。畜禽养殖场、养殖小区用地使用权期限届满，需要恢复为原用途的，由畜禽养殖场、养殖小区土地使用权人负责恢复。

盛廷提示

养殖场被莫名禁养、关停可能有诸多原因，建议广大权利人提前调查，搞清状况后对症下药，以维护自己的合法权益。

七十五　养殖场被征收应该得到哪些补偿？

案例故事

刘大花在自己家的承包地上搞生猪养殖，已经有七八年了。2012 年，政府因为建设高速公路，要占她家的承包地、养殖场，但是始终没有任何部门来找刘大花商量补偿的事儿。突然有一天镇政府的人通知给她 14 万元的房屋回购款，没有其他补偿。刘大花觉得养殖场投入了很多钱，而且是全家的经济来源，这点补偿太少。她想知道：能不能要到养殖场补偿？能要到什么补偿？

案例解析

合法建造经营的养殖场被征收应该给予补偿，养殖场征收补偿具有经营性质，还涉及家禽家畜等项目的补偿，有些还包含大型养殖设备的搬迁和不可移动设备的折旧等。

养殖场被征收获得的补偿项目分为以下几类：

（1）土地补偿款。这部分内容是国家给予土地所有者和土地使用者因对土地的投入和给其收益造成损失的补偿，其归农村集体组织所有，具体的分配方案由村民自治决定。如果当事人是在自己合法承包经营的土地上从事养殖，可以向村委会提出请求分配土地补偿款；如果是从其他村民手中租赁的土地，该部分补偿款要看协议双方的具体约定。

（2）构筑物本身的价值。该部分补偿内容就是正常的地上构筑物的补偿，与其他征收中地上构筑物补偿没有太大差别。

（3）因征收养殖场造成的搬迁费用以及不可移动设备的折旧费。

（4）因征收造成的停产停业损失。在养殖场的征收过程中有一部分损失存在疑问，如养殖的动物，在征收过程中完全是可以转移走的，如果拆迁方负责移出就不会有该部分内容的损失，所以征收方往往会以此为借口不给予补偿。但移出必须以有接收地方为前提，没有此前提就需要在短时间内出售，处于幼崽时期的动物距可出售状态有差距，收入必然降低。虽然不同于直接灭失的损失，但属于征收带来的直接损失，该部分损失可以计算到停产停业损失当中。

（5）禽畜出清补偿。该部分损失则不同于第4类中幼崽变卖造成的价格下跌的损失，该部分损失更倾向于直接灭失的损失，比如养殖鱼苗的农户，因为鱼苗过小无法捞出，往往就会按照亩数给予补偿。这一项补偿应该是按照存栏禽畜的大小和种类进行补偿。

（6）对被征收人给予补助和奖励。

法律依据

《中华人民共和国土地管理法》

第四十八条　征收土地应当给予公平、合理的补偿，保障被征地农民原有生活水平不降低、长远生计有保障。

征收土地应当依法及时足额支付土地补偿费、安置补助费以及农村村民住宅、其他地上附着物和青苗等的补偿费用，并安排被征地农民的社会保障费用。

《国有土地上房屋征收与补偿条例》

第十七条　作出房屋征收决定的市、县级人民政府对被征收人给予的补偿包括：

（一）被征收房屋价值的补偿；

（二）因征收房屋造成的搬迁、临时安置的补偿；

（三）因征收房屋造成的停产停业损失的补偿。

（四）市、县级人民政府应当制定补助和奖励办法，对被征收人给予补助和奖励。

盛廷提示

养殖场征收补偿有其特殊性，不同于宅基地上房屋征收，因其具有经营性质，停产停业的损失是一项不可忽略的补偿内容。

七十六　养殖场被认定为违建应该怎么办？

案例故事

泾大明是村里的养殖大户，他积极响应国家政策，在村里建设了一个规模养殖场，该场占地面积 30 余亩，耗资 300 万余元，于 2011 年 9 月中旬竣工并投入经营。后来泾大明的养殖场突然被要求限期拆除，并于不久后遭到了强制拆除，原因是养殖场位于自然保护区内，也一直未取得国家林评、环评以及设施农业建设用地批复等手续，属于违法建筑。对方据此认为，在拆除中不存在拆迁补偿问题，只能落实政府的拆除人工机械费补助 6 万元整。泾大明遇到该种情形应该怎么办？

案例解析

泾大明在养殖场已经被强拆的情况下，可以请求法院确认违建认定及强拆违法，并申请国家赔偿。

（1）违建的认定有严格的认定程序。将当事人合法所有的养殖场认定为违法建筑，会直接影响到行政相对人的重大权益。行政机关需要向相对人下达正式的文书，下达之前要有事实依据和法律依据，同时也应该充分保障当事人的陈述和申辩以及申请听证的权利，下达文书之后也要明确告知当事人寻求救济的途径和时间。

（2）养殖场涉及农业设施问题，其被认定为违建的条件较为严格，通常情形下不会被认定为违建，当事人应该避免征收方以此为借口将养殖场强制拆除。养殖属于农业范畴，如果建设的构筑物属于与养殖直接关联的设施，比如牛棚、猪舍、牲畜检疫等用地，就应该被纳入设施农业用地，一旦符合设施农业用地的性质，其不以农业用地转为建设用地为前提，如果对土地有合法的使用权，其构成违建的可能性极低。

（3）如果行政机关经过了合法的程序，下达违建认定的通知书，当事人对违建认定不认可，就要及时在法定的起诉时间里寻求救济，可以针对该通知书申请行政复议或者提起行政诉讼，在权利救济期间可以保护养殖场不被强制拆除，以此最大限度保护己方合法权益。

法律依据

《中华人民共和国行政处罚法》

第四十四条　行政机关在作出行政处罚决定之前，应当告知当事人拟作出的行政处罚内容及事实、理由、依据，并告知当事人依法享有的陈述、申辩、要求听证等权利。

第四十五条　当事人有权进行陈述和申辩。行政机关必须充分听取当事人的意见，对当事人提出的事实、理由和证据，应当进行复核；当事人提出的事实、理由或者证据成立的，行政机关应当采纳。行政机关不得因当事人陈述、申辩而给予更重的处罚。

《自然资源部、农业农村部关于设施农业用地管理有关问题的通知》（自然资规〔2019〕4号）

一、设施农业用地包括农业生产中直接用于作物种植和畜禽水产养殖的设施用地。其中，作物种植设施用地包括作物生产和为生产服务的看护房、农资农机具存放场所等，以及与生产直接关联的烘干晾晒、分拣包装、保鲜存储等设施用地；畜禽水产养殖设施用地包括养殖生产及直接关联的粪污处置、检验检疫等设施用地，不包括屠宰和肉类加工场所用地等。

二、设施农业属于农业内部结构调整，可以使用一般耕地，不需落实占补平衡。种植设施不破坏耕地耕作层的，可以使用永久基本农田，不需补划；破坏耕地耕作层，但由于位置关系难以避让永久基本农田的，允许使用永久基本农田但必须补划。养殖设施原则上不得使用永久基本农田，涉及少量永久基本农田确实难以避让的，允许使用但必须补划。

盛廷提示

养殖场被认定为违建的条件极为严格，当事人应避免征收方为加快征收进度以违建名义将养殖场拆除。

七十七　禁养区内的养殖场应该怎么处理？

案例故事

2003年，在政府的支持和引导下，郭小翠从村里租赁土地，投资建设了郭小翠养殖场，从事蛋鸡养殖。几年之后，政府因“红色影视旅游小镇建设项目”需要对村集体土地进行征收，郭小翠经营的养殖场位于征收范围内，其与政府就征收补偿问题协商未果。后政府相关部门责令郭小翠限期关闭养殖场，原因是该养殖场在政府划定的禁养区内。郭小翠很疑惑，养殖场被划入禁养区，真的就不应该获得补偿吗？在这种情形下应该怎么办？

案例解析

郭小翠能否得到补偿，关键是看畜禽养殖禁养区划定时间。如果建养殖场在先，就应该给予补偿；如果划定禁养区在先，那不仅不能得到补偿，很可能还会受到行政处罚。

畜禽养殖禁养区是指按照法律、法规、行政规章等规定，在指定范围内禁止任何单位和个人养殖畜禽；禁养区范围内已建成的畜禽养殖场（点），由各县（市、区）人民政府依法责令限期搬迁或关闭。

禁养区范围一般会涉及以下区域：①生活饮用水水源保护区、风景名胜区、自然保护区的核心区及缓冲区；②城市和城镇中居民区、文教科研区、医疗区等人口集中地区；③市人民政府及各县（市、区）人民政府依法划定的禁养区域；④国家或地方法律、法规规定需特殊保护的其他区域。对于禁养区本身划定行为而言，实施者必须是县级以上人民政府，关于禁养区内的养殖场，禁养区划定的时间和养殖场建设的时间是案件的关键。

禁养区的划定行为会涉及许多行政许可行为的撤回，已经获得行政许可并从事经营的相对人的权益将受到极大影响。当事人在此之前对养殖场建设的投入以及经营等活动都是基于对原先行政许可行为的信赖，一旦禁养，不仅涉及养殖场经营活动的停止，还意味着养殖场本身无法投入使用，涉及的养殖设备以及牲畜搬迁等损失应该得到合法补偿。

法律依据

《畜禽规模养殖污染防治条例》

第二十五条　因畜牧业发展规划、土地利用总体规划、城乡规划调整以及划定禁止养殖区域，或者因对污染严重的畜禽养殖密集区域进行综合整治，确需关闭或者搬迁现有畜禽养殖场所，致使畜禽养殖者遭受经济损失的，由县级以上地方人民政府依法予以补偿。

《中华人民共和国行政许可法》

第八条　公民、法人或者其他组织依法取得的行政许可受法律保护，行政机关不得擅自改变已经生效的行政许可。

行政许可所依据的法律、法规、规章修改或者废止，或者准予行政许可所依据的客观情况发生重大变化的，为了公共利益的需要，行政机关可以依法变更或者撤回已经生效的行政许可。由此给公民、法人或者其他组织造成财产损失的，行政机关应当依法给予补偿。

盛廷提示

禁养区的划定涉及原先行政许可行为的撤回，其间，养殖场权属人的信赖利益应该得到保护。

七十八　没有环评手续的养殖场是否应该拆除？

案例故事

王二娃的养殖场在2014年取得工商登记和行政许可，一直从事蛋鸡养殖。2018年，当地市政府发布了《关于禁养区养殖户限期拆除的通告》，规定禁养区内的养殖户需要在2018年6月30日前自行拆除养殖场。后来王二娃的养殖场被政府以污染环境为由强制进行了拆除。王二娃认为，自己的养殖场是合法经营的，虽然没有办理相关环评手续，但是一直也没有受到环保部门的查处，他想知道，没有环评手续的养殖场就应该被拆除吗？拆除后没有补偿吗？

案例解析

没有环评手续不一定要强拆，也不一定没有补偿。

根据《畜禽规模养殖污染防治条例》的规定，新建、改建、扩建畜禽养殖场、养殖小区，应当符合畜牧业发展规划、畜禽养殖污染防治规划，满足动物防疫条件，并进行环境影响评价。对环境可能造成重大影响的大型畜禽养殖场、养殖小区，应当编制环境影响报告书；其他畜禽养殖场、养殖小区应当填报环境影响登记表。

环境影响评价的重点应当包括：畜禽养殖产生的废弃物种类和数量，废弃物综合利用和无害化处理方案和措施，废弃物的消纳和处理情况以及向环境直接排放的情况，最终可能对水体、土壤等环境和人体健康产生的影响以及控制和减少影响的方案和措施等。

没有环评手续一定要拆除吗？建设养殖场是有严格规定的，养殖场的建设一定要远离环境保护区，并且要经过相关部门的审批。养殖场开办之初规模较小，未办理环评手续，但如果经营过程中达到了规模化养殖的标准，自达到标准之日起，应当办理环评手续。养殖场如果没有办理环评手续，且没有给环境造成大的污染，那么是完全可以通过补办手续成为合法养殖场的。

拆除后一定没有补偿吗？养殖行为虽并不完全符合环境保护规定，但其中存在对政府的信赖利益和客观经营利益，关闭养殖场必然会有一定客观损失，如果当地政府制定的相关实施方案中明确给予适当奖励，那么政府在养殖场不完全符合环保法律法规的情况下也应给予适当补偿，符合行政合理性原则。

法律依据

《畜禽规模养殖污染防治条例》

第十二条　新建、改建、扩建畜禽养殖场、养殖小区，应当符合畜牧业发展规划、畜禽养殖污染防治规划，满足动物防疫条件，并进行环境影响评价。对环境可能造成重大影响的大型畜禽养殖场、养殖小区，应当编制环境影响报告书；其他畜禽养殖场、养殖小区应当填报环境影响登记表。大型畜禽养殖场、养殖小区的管理目录，由国务院环境保护主管部门商国务院农牧主管部门确定。

环境影响评价的重点应当包括：畜禽养殖产生的废弃物种类和数量，废弃物综合利用和无害化处理方案和措施，废弃物的消纳和处理情况以及向环境直接排放的情况，最终可能对水体、土壤等环境和人体健康产生的影响以及控制和减少影响的方案和措施等。

第三十八条　违反本条例规定，畜禽养殖场、养殖小区依法应当进行环境影响评价而未进行的，由有权审批该项目环境影响评价文件的环境保护主管部门责令停止建设，限期补办手续；逾期不补办手续的，处5万元以上20万元以下的罚款。

《建设项目环境保护管理条例》

第七条　国家根据建设项目对环境的影响程度，按照下列规定对建设项目的环境保护实行分类管理：

（一）建设项目对环境可能造成重大影响的，应当编制环境影响报告书，对建设项目产生的污染和对环境的影响进行全面、详细的评价；

（二）建设项目对环境可能造成轻度影响的，应当编制环境影响报告表，对建设项目产生的污染和对环境的影响进行分析或者专项评价；

（三）建设项目对环境影响很小，不需要进行环境影响评价的，应当填报环境影响登记表。

建设项目环境影响评价分类管理名录，由国务院环境保护行政主管部门在组织专家进行论证和征求有关部门、行业协会、企事业单位、公众等意见的基础上制定并公布。

第十五条　建设项目需要配套建设的环境保护设施，必须与主体工程同时设计、同时施工、同时投产使用。

第十七条　编制环境影响报告书、环境影响报告表的建设项目竣工后，建设单位应当按照国务院环境保护行政主管部门规定的标准和程序，对配套建设的环境保护设施进行验收，编制验收报告。

第二十三条　违反本条例规定，需要配套建设的环境保护设施未建成、未经验收或者验收不合格，建设项目即投入生产或者使用，或者在环境保护设施验收中弄虚作假的，由县级以上环境保护行政主管部门责令限期改正，处20万元以上100万元以下的罚款；逾期不改正的，处100万元以上200万元以下的罚款；对直接负责的主管人员和其他责任人员，处5万元以上20万元以下的罚款；造成重大环境污染或者生态破坏的，责令停止生产或者使用，或者报经有批准权的人民政府批准，责令关闭。

违反本条例规定，建设单位未依法向社会公开环境保护设施验收报告的，由县级以上环境保护行政主管部门责令公开，处5万元以上20万元以下的罚款，并予以公告。

盛廷提示

在行政机关进行环保拆迁时，养殖户要明确自己的养殖场是否有必要办理包括环评在内的环保手续；如有必要但自己未办理，是否有补办修正的可能。最后即使无法补正，也不一定就必须强行拆除且得不到补偿，即环保拆迁并不意味着无任何补偿。

七十九　响应政府号召建的养殖场，现在因为没有审批手续被要求拆除是否合法？

案例故事

1999 年，政府号召“发展规模养殖、支持农户养猪”，刘大壮响应政府号召，在承包的土地上建设猪舍等建筑物及附属设施，后政府认定猪舍为违法建筑。2018 年 5 月，镇政府先后对刘大壮作出《限期拆除通知书》和《强制拆除决定书》，2018 年 10 月，镇政府对刘大壮的猪舍进行了强制拆除。刘大壮觉得冤屈。

目前很多养殖场的建设、兴办，都是由地方政府政策号召、鼓励建起来的，养殖户基于对政府的信任，倾尽所有开办养殖场，现在政府又以养殖场没有审批手续是违法建筑为由，予以拆除，而且没有补偿。刘大壮特别想知道，这样的行为合法吗？

案例解析

刘大壮基于对政府的信任建起的养殖场被认定违建不合理，如果要拆除应当给予一定的补偿。

一般来说，养殖场是否属于违法建筑，首先要看养殖户是否办理了建设养殖场的相关用地手续，其次要看相关部门是否让养殖户对建设养殖场、发展养殖业产生了一定的信赖。如果政府大力扶持建造养殖场，养殖户基于对政府部门的信赖，兴建养殖场满足了养殖产业发展的需要，那么仅因养殖场用地手续存在一定瑕疵就认定养殖场属于违法建筑，不具有合理性。这样的建筑通常允许边建边补办手续，或者先建后补。有关部门按照《国土资源部、农业部关于促进规模化畜禽养殖有关用地政策的通知》及其他相关的法律规定，认为养殖户建造的建筑物要合法均需要经过审批、备案或经乡镇政府、农村集体经济组织同意后签约，即设施农用地的使用需经过相关行政机关的同意。但是，相关规定最早出台的时间为2007年，并无溯及既往的效力，如果因此认定之前建设的养殖场不合法缺乏合理性。

即便养殖场没有取得设施农业用地审批或是没有办理备案手续，但是如果经过了乡镇政府的同意、县级农业部门的验收，且养殖场一直实际用于养殖，那么该养殖场也符合农用地的用途管制要求，同样也满足养殖业发展的需求。也就是说，只要经过了相关部门的同意，且所建养殖场通过了验收，那么相关部门就不能认定养殖场为违法建筑且不予补偿。

法律依据

《中华人民共和国行政许可法》

第八条　公民、法人或者其他组织依法取得的行政许可受法律保护，行政机关不得擅自改变已经生效的行政许可。行政许可所依据的法律、法规、规章修改或者废止，或者准予行政许可所依据的客观情况发生重大变化的，为了公共利益的需要，行政机关可以依法变更或者撤回已经生效的行政许可。由此给公民、法人或者其他组织造成财产损失的，行政机关应当依法给予补偿。

《畜禽规模养殖污染防治条例》

第二十五条　因畜牧业发展规划、土地利用总体规划、城乡规划调整以及划定禁止养殖区域，或者因对污染严重的畜禽养殖密集区域进行综合整治，确需关闭或者搬迁现有畜禽养殖场所，致使畜禽养殖者遭受经济损失的，由县级以上地方人民政府依法予以补偿。

《国务院关于印发全面推进依法行政实施纲要的通知》（国发〔2004〕10号）

5. 依法行政的基本要求。

诚实守信。行政机关公布的信息应当全面、准确、真实。非因法定事由并经法定程序，行政机关不得撤销、变更已经生效的行政决定；因国家利益、公共利益或者其他法定事由需要撤回或者变更行政决定的，应当依照法定权限和程序进行，并对行政管理相对人因此而受到的财产损失依法予以补偿。

盛廷提示

养殖场是否属于违法建筑，首先要看养殖户是否办理了建设养殖场的相关用地手续，其次要看相关部门是否让养殖户对建设养殖场、发展养殖业产生了一定的信赖。

八十　什么是“大棚房”？

案例故事

2016年，刘铁柱经人介绍，与“太阳花”合作社商定，以人民币1000万元购买合作社位于幸福村蔬菜大棚400亩集体土地使用权。刘铁柱没有经相关政府部门的批准，以合作社的名义组织人员对蔬菜大棚园区进行非农建设改造：建设鱼池、假山、规划外道路等设施，门口铺设透水砖路面，外垒花墙，还将原有蔬菜大棚加高、改装钢架，在里面建设房间，内部置有橱柜、沙发、马桶等各类生活起居设施，并对外出租。后经当地国土资源局组织测绘鉴定，该项目占用耕地28.75亩，其中含永久基本农田22.84亩，造成耕地种植条件被破坏。刘铁柱不知道自己花钱建设的园区属于国家禁止建设的“大棚房”，他为此可能会面临什么处罚？

案例解析

刘铁柱可能会因“非法占用农用地罪”被追究刑事责任。

“大棚房”，是指一些工商企业、个人及组织借建农业设施或农业园区之名，违法违规占用耕地甚至永久基本农田，用于非农业建设的行为；其本质是改变土地性质和用途、改变农业生产功能，就是触碰耕地保护红线和农地非农化。

“大棚房”对耕地有较严重的破坏，主要体现在如下三个方面：

（1）“大棚房”占用耕地和基本农田违章建设，改变了土地性质，破坏了土壤生态，阻碍了农业生产。

（2）“大棚房”非法转卖、以租代售后，使农民失去了耕地，生活失去了保障，侵害了农民的切身利益。

（3）违反土地管理法律法规，危害国家粮食生产安全。

为此，国家主要针对以下三类问题出台了“大棚房”整治的相关政策：

（1）在各类农业园区内占用耕地或直接在耕地上违法违规建设非农设施，特别是别墅、休闲度假设施等。

（2）在农业大棚内违法违规占用耕地建设商品住宅。

（3）建设农业大棚看护房严重超标准，甚至违法违规改变性质用途，进行住宅类经营性开发。

法律依据

《关于坚决制止耕地“非农化”行为的通知》
（国办发明电〔2020〕24号）

第五条 严禁违规占用耕地从事非农建设。加强农村地区建设用地审批和乡村建设规划许可管理，坚持农地农用。不得违反规划搞非农建设、乱占耕地建房等。巩固“大棚房”问题清理整治成果，强化农业设施用地监管。加强耕地利用情况监测，对乱占耕地从事非农建设及时预警，构建早发现、早制止、严查处的常态化监管机制。

农业农村部、自然资源部印发《关于开展“大棚房”问题专项清理整治行动坚决遏制农地非农化的方案》的通知（农发〔2018〕3号）

第二条 清理整治范围按照严守红线、突出重点，分类处置、集中打击的要求，对占用耕地特别是永久基本农田建设非农设施，改变土地性质和用途的违法违规建设行为，依法依规进行全面清理整治。重点清理整治工商资本和城市居民到农村非法占用耕地变相开发房地产和建设住房行为。清理整治范围主要包括以下三类问题：

（一）在各类农业园区内占用耕地或直接在耕地上违法违规建设非农设施，特别是别墅、休闲度假设施等。

（二）在农业大棚内违法违规占用耕地建设商品住宅。

（三）建设农业大棚看护房严重超标准，甚至违法违规改变性质用途，进行住宅类经营性开发。

盛廷提示

建设各类农业园区一定不要违法改变土地性质和用途、改变农业生产功能，触碰耕地保护红线和农地非农化，否则可能会被追究刑事责任。

八十一 什么是规模化养殖？

案例故事

2007年底，王小胖转包他人2亩承包地，签订了《养殖承包合同》，承包期限为30年。王小胖在承包地上修建了猪舍用于养猪。2018年10月，当地政府下发通知，认为王小胖的养殖场属于违法建筑，限期拆除。2019年4月，政府再次下发通知，要求王小胖在规定期限前自行拆除，逾期不拆除的由政府组织强制拆除。后政府将王小胖的养殖场强制拆除。王小胖不服，他想知道，遇到这种情形能否要到相关补偿？

案例解析

王小胖的养猪场属于畜禽规模化养殖场。养殖企业是否需要环评、是否能领到相关补贴，对于养殖户来说还是很重要的。

那么什么是规模化养殖场呢？规模化畜禽养殖场是指经当地农业、工商等行政主管部门批准，具有法人资格的养猪、奶牛、蛋鸡、肉鸡的养殖场。具有一定的规模，指标是猪出栏大于或等于500头；奶牛存栏大于或等于100头；肉牛出栏大于或等于200头；蛋鸡存栏大于或等于20000羽；肉鸡出栏大于或等于50000羽。

如果养殖场涉及拆迁怎么办？

（1）未获得批准的养殖场一定是违建吗？

不一定。根据土地利用现状分类国家标准，养殖场用地属于“其他用地”中的“设施农用地”。

（2）养殖场占用耕地必须拆除吗？

不一定。养殖场可以使用一般耕地，在特定的情况下还可以占用永久性基本农田。

（3）养殖场污染严重，必须拆除吗？

不一定。这要看养殖场是否有环评手续，是否可以补正，即便没有环评手续，以环保名义拆除养殖场也不等于没有补偿。

法律依据

《中华人民共和国畜牧法》

第三十七条 国家支持农村集体经济组织、农民和畜牧业合作经济组织建立畜禽养殖场、养殖小区，发展规模化、标准化养殖。乡（镇）土地利用总体规划应当根据本地实际情况安排畜禽养殖用地。农村集体经济组织、农民、畜牧业合作经济组织按照乡（镇）土地利用总体规划建立的畜禽养殖场、养殖小区用地按农业用地管理。畜禽养殖场、养殖小区用地使用权期限届满，需要恢复为原用途的，由畜禽养殖场、养殖小区土地使用权人负责恢复。在畜禽养殖场、养殖小区用地范围内需要兴建永久性建（构）筑物，涉及农用地转用的，依照《中华人民共和国土地管理法》的规定办理。

国土资源部、农业部《关于促进规模化畜禽养殖有关用地政策的通知》（国土资发〔2007〕220号）

二、区别不同情况，采取不同的扶持政策

（一）本农村集体经济组织、农民和畜牧业合作经济组织按照乡（镇）土地利用总体规划，兴办规模化畜禽养殖所需用地按农用地管理，作为农业生产结构调整用地，不需办理农用地转用审批手续。

（二）其他企业和个人兴办或与农村集体经济组织、农民和畜牧业合作经济组织联合兴办规模化畜禽养殖所需用地，实行分类管理。畜禽舍等生产设施及绿化隔离带用地，按照农用地管理，不需办理农用地转用审批手续；管理和生活用房、疫病防控设施、饲料储藏用房、硬化道路等附属设施，属于永久性建（构）筑物，其用地比照农村集体建设用地管理，需依法办理农用地转用审批手续。

《国务院办公厅关于促进畜牧业高质量发展的意见》
（国办发〔2020〕31号）

（二十一）保障畜牧业发展用地。按照畜牧业发展规划目标，结合地方国土空间规划编制，统筹支持解决畜禽养殖用地需求。养殖生产及其直接关联的畜禽粪污处理、检验检疫、清洗消毒、病死畜禽无害化处理等农业设施用地，可以使用一般耕地，不需占补平衡。畜禽养殖设施原则上不得使用永久基本农田，涉及少量永久基本农田确实难以避让的，允许使用但须补划。加大林地对畜牧业发展的支持，依法依规办理使用林地手续。鼓励节约使用畜禽养殖用地，提高土地利用效率。

《畜禽规模养殖污染防治条例》

第二十五条　因畜牧业的发展规划、土地利用总体规划、城乡规划调整以及划定禁止养殖区域，或者因对污染严重的畜禽养殖密集区域进行综合整治，确需关闭或者搬迁现有畜禽养殖场所，致使畜禽养殖者遭受经济损失的，由县级以上地方人民政府依法予以补偿。

盛廷提示

一般情况下，养殖者能否获得补偿，要考虑养殖场是否已经取得了相关行政许可，是否已经办理了相关审批手续，是否存在合法利益损失等因素。

第五章　农村违建拆除

八十二　什么是“农村违法建设”？

案例故事

赵淑菊在城中村的房子因为当地棚户区改造项目被纳入了拆迁范围。乍一听到拆迁的消息，赵淑菊非常高兴，希望通过拆迁补偿的政策能够改善家里的居住环境。然而还没高兴几天，赵淑菊就被告知她家房子因为没有乡村建设规划许可证属于违建，紧接着她就收到了《限期拆除通知书》和《催告通知书》，要求她在 3 天之内自行拆除房屋，逾期强制拆除。赵淑菊懵了，自己就这一套房，宅基地是自家的，也有使用权证，住了这么久的房子怎么就成违建了？

案例解析

赵淑菊仅有一套住房，必须保障公民的基本居住权，出于历史原因形成的用地有证，建房没证，一般不认定为违建，特别是仅有一套房子，也不能拆除。

农村违法建设主要有两种：一种是违反土地管理制度的违法建设；另一种是违反《城乡规划法》的违法建设。

1. 详细来看，违反土地管理制度的农村违法建设有：

（1）未经批准或者骗取批准非法占用土地的，或超过批准的数量多占土地的；

（2）村民未获批准或骗取批准非法占用土地建住宅，或超过规定标准多占土地建住宅的；

（3）在土地利用总体规划制定前已建的不符合规划的建筑，不得重建、扩建，违反规定重建、扩建的；

（4）擅自改变土地使用性质建成的建筑。

2. 违反《城乡规划法》的农村违法建设有：

（1）在乡、村庄规划区内，没有取得乡村建设规划许可证进行建设的；

（2）在乡、村庄规划区内，没有按乡村建设规划许可证的规定进行建设的。

法律依据

《中华人民共和国土地管理法》

第六十五条　在土地利用总体规划制定前已建的不符合土地利用总体规划确定的用途的建筑物、构筑物，不得重建、扩建。

第七十五条　违反本法规定，占用耕地建窑、建坟或者擅自在耕地上建房、挖砂、采石、采矿、取土等，破坏种植条件的，或者因开发土地造成土地荒漠化、盐渍化的，由县级以上人民政府自然资源主管部门、农业农村主管部门等按照职责责令限期改正或者治理，可以并处罚款；构成犯罪的，依法追究刑事责任。

第七十七条　未经批准或者采取欺骗手段骗取批准，非法占用土地的，由县级以上人民政府自然资源主管部门责令退还非法占用的土地，对违反土地利用总体规划擅自将农用地改为建设用地的，限期拆除在非法占用的土地上新建的建筑物和其他设施，恢复土地原状，对符合土地利用总体规划的，没收在非法占用的土地上新建的建筑物和其他设施，可以并处罚款；对非法占用土地单位的直接负责的主管人员和其他直接责任人员，依法给予处分；构成犯罪的，依法追究刑事责任。超过批准的数量占用土地，多占的土地以非法占用土地论处。

第七十八条　农村村民未经批准或者采取欺骗手段骗取批准，非法占用土地建住宅的，由县级以上人民政府农业农村主管部门责令退还非法占用的土地，限期拆除在非法占用的土地上新建的房屋。超过省、自治区、直辖市规定的标准，多占的土地以非法占用土地论处。

《中华人民共和国土地管理法实施条例》

第五十三条　违反《土地管理法》第六十五条的规定，对建筑物、构筑物进行重建、扩建的，由县级以上人民政府自然资源主管部门责令限期拆除；逾期不拆除的，由作出行政决定的机关依法申请人民法院强制执行。

《中华人民共和国城乡规划法》

第六十五条　在乡、村庄规划区内未依法取得乡村建设规划许可证或者未按照乡村建设规划许可证的规定进行建设的，由乡、镇人民政府责令停止建设、限期改正；逾期不改正的，可以拆除。

盛廷提示

农村建房一定要主动申请办理乡村建设规划许可证等证件，有了合法的手续证件才能踏实地建房，避免房屋有违建风险。

八十三　认定农村违法建筑的程序是什么？

案例故事

2018 年，何磊在外打工存了些钱，回到老家后把原来破旧的老房子拆掉，盖了新房子。2021 年 6 月，何磊突然收到了乡政府的违建拆除通知书，说他新盖的房子是违法建筑，要拆除。何磊自然不肯，与政府工作人员据理力争。结果第二天，乡政府派了一群工作人员来拆除何磊家的围墙。何磊觉得政府这样做是违法的，哪有给了个拆除通知书，第二天就直接强拆房子的道理，就算认定违建也应该按法律规定的程序来。何磊想知道，违建拆除的程序是什么？

案例解析

违法建筑的认定是很严谨的，不按照法定程序简单粗暴地认定违建，很可能是不合法的。

和认定一个人、一种行为违法一样，认定一座建筑是违建也要经过严密的调查取证，拿证据来说话。

（1）调查询问。相关部门要调查违建房屋所有人关于房屋的基本情况、影像资料以及与违建房屋所有人的谈话询问笔录。在调查取证的过程中，遇到询问或签署笔录时，当事人应当保持高度谨慎，签字时要注意笔录上的内容与自己所描述的事实是否一致。

（2）作出认定。调查取证工作完成后，相关部门要对房屋作出是否属于违法建筑的认定。通常当事人先是收到责令拆除通知书，随后收到催告书，最后收到强制拆除告知书。

如果政府部门自己有行政强制执行权，一般按如下程序进行：

（1）催告当事人履行义务（催告书）：以书面形式催告，并且告知当事人有陈述权和申辩权。当事人收到催告书后有权进行陈述和申辩。

（2）作出强制执行决定（行政强制执行决定书）：经催告，当事人还不履行，且无正当理由的，政府部门就可以作出强制执行决定了。催告应以书面形式作出，并告知当事人申请行政复议或者提起行政诉讼的途径和期限。

如果在法定期限内，当事人既不自行拆除，又不提起行政复议或者行政诉讼的，相关部门方可以进行强制拆除。

如果政府部门自己没有行政强制执行权，则要申请法院执行，一般按如下程序进行：

（1）催告当事人履行义务。在申请法院强制执行之前，也要催告。

（2）申请强制执行。催告书送达10日后当事人还没履行义务的，政府部门就可以向法院申请强制执行。

（3）法院作出执行裁定。法院会书面审查政府部门的申请，对符合法律相关规定，且具备法定执行效力的，作出执行裁定。

法律依据

《中华人民共和国行政强制法》

第三十四条　行政机关依法作出行政决定后，当事人在行政机关决定的期限内不履行义务的，具有行政强制执行权的行政机关依照本章规定强制执行。

第三十五条　行政机关作出强制执行决定前，应当事先催告当事人履行义务。催告应当以书面形式作出，并载明下列事项：

（一）履行义务的期限；

（二）履行义务的方式；

（三）涉及金钱给付的，应当有明确的金额和给付方式；

（四）当事人依法享有的陈述权和申辩权。

第三十六条　当事人收到催告书后有权进行陈述和申辩。行政机关应当充分听取当事人的意见，对当事人提出的事实、理由和证据，应当进行记录、复核。当事人提出的事实、理由或者证据成立的，行政机关应当采纳。

第三十七条　经催告，当事人逾期仍不履行行政决定，且无正当理由的，行政机关可以作出强制执行决定。

第五十三条　当事人在法定期限内不申请行政复议或者提起行政诉讼，又不履行行政决定的，没有行政强制执行权的行政机关可以自期限届满之日起三个月内，依照本章规定申请人民法院强制执行。

第五十四条　行政机关申请人民法院强制执行前，应当催告当事人履行义务。催告书送达十日后当事人仍未履行义务的，行政机关可以向所在地有管辖权的人民法院申请强制执行；执行对象是不动产的，向不动产所在地有管辖权的人民法院申请强制执行。

盛廷提示

实践中很多违建房屋的认定是仓促而不合理的，相关部门并没有完全按照法定程序进行，此时当事人可以有很大机会通过法律途径维权，以避免强拆损失。

八十四　无证房等于违法建筑吗?

案例故事

李小丫的房子建于1997年，建设房屋时虽有规划许可证，但没有土地证和房产证。2016年4月，李小丫的房屋所在地被政府征收，政府认为，李小丫的房屋没有权属证明，不具备安置补偿的条件，就以非常低的评估价格（建房成本）来征收李小丫的房屋。李小丫只有这一处宅基地，她觉得非常不公，她想知道，遇到这种情况可以得到正常的房屋补偿或安置吗?

案例解析

李小丫能否获得补偿安置，关键看对她家房屋是否属于违建的认定。

（1）无证房屋不一定是违建。

李小丫家的房屋建于1997年，而违章建筑的认定依据为2008年起实施的《中华人民共和国城乡规划法》。若依据该法律对房屋做出违法认定，显然也是不合理的。所以说无证房屋不等同于违章建筑。即便房屋被认定为违建，如果程序是违法的，房子还是可以依照合法建筑给予补偿的。

（2）对于无证房一般怎么处理?

依据《国有土地上房屋征收与补偿条例》《中华人民共和国城乡规划法》的规定，市、县级人民政府做出征收决定前，应当组织有关部门对征收范围内未经登记的建筑进行调查、认定和处理。对认定为合法建筑和未超过批准期限的临时建筑，应当给予补偿；对于认定为违法建筑和超过期限的临时建筑，不予补偿。违章建筑是不予补偿的，但是违章建筑的认定有严格的程序要求。城市规划区内的违章建筑需要由县级以上人民政府城乡规划主管部门作出责令停止建设、限期改正、限期拆除等依次递进的处罚认定。

法律依据

《国有土地上房屋征收与补偿条例》

第十七条　作出房屋征收决定的市、县级人民政府对被征收人给予的补偿包括：

（一）被征收房屋价值的补偿；

（二）因征收房屋造成的搬迁、临时安置的补偿；

（三）因征收房屋造成的停产停业损失的补偿。

市、县级人民政府应当制定补助和奖励办法，对被征收人给予补助和奖励。

第十八条　征收个人住宅，被征收人符合住房保障条件的，作出房屋征收决定的市、县级人民政府应当优先给予住房保障。具体办法由省、自治区、直辖市制定。

第十九条　对被征收房屋价值的补偿，不得低于房屋征收决定公告之日被征收房屋类似房地产的市场价格。被征收房屋的价值，由具有相应资质的房地产价格评估机构按照房屋征收评估办法评估确定。

对评估确定的被征收房屋价值有异议的，可以向房地产价格评估机构申请复核评估。对复核结果有异议的，可以向房地产价格评估专家委员会申请鉴定。

房屋征收评估办法由国务院住房城乡建设主管部门制定，制定过程中，应当向社会公开征求意见。

第二十一条　被征收人可以选择货币补偿，也可以选择房屋产权调换。

被征收人选择房屋产权调换的，市、县级人民政府应当提供用于产权调换的房屋，并与被征收人计算、结清被征收房屋价值与用于产权调换房屋价值的差价。

因旧城区改建征收个人住宅，被征收人选择在改建地段进行房屋产权调换的，作出房屋征收决定的市、县级人民政府应当提供改建地段或者就近地段的房屋。

第二十二条　因征收房屋造成搬迁的，房屋征收部门应当向被征收人支付搬迁费；选择房屋产权调换的，产权调换房屋交付前，房屋征收部门应当向被征收人支付临时安置费或者提供周转用房。

第二十四条　市、县级人民政府及其有关部门应当依法加强对建设活动的监督管理，对违反城乡规划进行建设的，依法予以处理。

市、县级人民政府作出房屋征收决定前，应当组织有关部门依法对征收范围内未经登记的建筑进行调查、认定和处理。对认定为合法建筑和未超过批准期限的临时建筑的，应当给予补偿；对认定为违法建筑和超过批准期限的临时建筑的，不予补偿。

第二十七条　实施房屋征收应当先补偿、后搬迁。

作出房屋征收决定的市、县级人民政府对被征收人给予补偿后，被征收人应当在补偿协议约定或者补偿决定确定的搬迁期限内完成搬迁。

任何单位和个人不得采取暴力、威胁或者违反规定中断供水、供热、供气、供电和道路通行等非法方式迫使被征收人搬迁。禁止建设单位参与搬迁活动。

盛廷提示

无证房不等于违建，是否是违建要根据造成无证的原因、法律规定来综合判断。

八十五　谁有资格认定农村房屋是违法建筑？

案例故事

李海荣所在的村子因为近几年周边发展迅速，已经成了城中村。大家都在传言，过不了多久就要拆迁了。2021年3月，没等到拆迁公告下来，李海荣却先等来了城管执法部门的违建认定通知书，说他家的房子违反了《城乡规划法》的规定，属于违建，要强制拆除。李海荣想知道，城管有权力认定他家的房子是违建吗？

案例解析

城管部门在得到省级人民政府的授权前提下才有权要求老百姓自行对违法建筑进行拆除。

认定违法建筑的前提是政府部门要具备认定的主体资格。能够认定违建的主要有以下四个部门：

（1）县级以上城乡规划主管部门。城乡规划部门属于法定部门，城市中的违法建筑由该部门主管。

（2）城市管理综合行政执法部门。该部门就是我们常说的城管，城管本身没有权力管理违法建筑，但如果得到省级人民政府的授权，则有权要求老百姓自行对违法建筑进行拆除。

（3）乡、镇人民政府。乡镇政府在乡、村庄规划区有权对违法建筑进行管理，超出这个范围之外的无权管。

（4）自然资源管理部门。自然资源管理部门（原国土资源部门）有权认定农村的违法用地类违建并作出责令限期拆除的行政处罚决定，但没有实施行政强拆的职权。这类情况不常见，一旦遇到要保持警惕，好好考虑自己房屋是否轮得到自然资源管理部门来查。

因此，对于农村的房屋是否是违建，一般乡镇政府有权力进行认定，极少数情况下有可能由自然资源管理部门认定。

法律依据

《中华人民共和国行政处罚法》

第十八条　国家在城市管理、市场监管、生态环境、文化市场、交通运输、应急管理、农业等领域推行建立综合行政执法制度，相对集中行政处罚权。国务院或者省、自治区、直辖市人民政府可以决定一个行政机关行使有关行政机关的行政处罚权。

《中华人民共和国城乡规划法》

第六十四条　未取得建设工程规划许可证或者未按照建设工程规划许可证的规定进行建设的，由县级以上地方人民政府城乡规划主管部门责令停止建设……

第六十五条　在乡、村庄规划区内未依法取得乡村建设规划许可证或者未按照乡村建设规划许可证的规定进行建设的，由乡、镇人民政府责令停止建设、限期改正；逾期不改正的，可以拆除。

《中华人民共和国土地管理法》

第七十七条　未经批准或者采取欺骗手段骗取批准，非法占用土地的，由县级以上人民政府自然资源主管部门责令退还非法占用的土地……

盛廷提示

如果收到相关部门的违建认定或限期拆除等通知文件，千万不要认为自己的房屋一定是违建，有可能给我们发文件的部门根本就不具有认定违建的职权。

八十六　仅凭航拍图就能拆除违法建筑吗？

案例故事

王小明在2011年承包了村东头的一块闲置地，并与村委会签订了土地承包合同。2019年，王小明要结婚，考虑到婚后与父母同住不方便，因此向村委会申请新的宅基地，村委会说目前村里没有新的宅基地可以批，所以王小明申请变更承包土地性质，在村东头承包的土地上盖了房子。2020年5月，镇上来人称卫星拍到王小明的房屋，以王小明违反了《土地管理法》为由下发了《行政处罚决定书》，并要求王小明拆除。王小明想知道，已经申请土地性质变更了，仅凭航拍图房屋就能被认定为违建要拆除吗？他该怎么办？

案例解析

仅以航拍图来认定违建不合法。

航拍图是利用遥感技术，以飞机为工作平台，所测得的某一地区的地面或地质影像。在实际征收拆迁中，航拍图直接反映的是房屋的建造时间、结构变化情况。

我国法律规定，航拍图可以作为认定违法建筑的证据之一，但不是认定违法建筑的决定性证据，房屋是否合法还需要考虑是否有合法建设手续、历史遗留等多个因素。因此不能仅以航拍图来作为认定房屋是否合法的依据，更不能以航拍图为依据拆除违法建筑。

违法建筑通常包括以下几类：

（1）占用已规划为公共场所、公共设施用地或公共绿化用地的建筑。

（2）不按批准的设计图纸施工的建筑。

(3) 擅自改建、加建的建筑。

(4) 农村经济组织的非农建设用地或村民自用宅基地非法转让兴建的建筑；特区内城市化的居民委员会或股份合作公司的非农业用地非法转让兴建的建筑。

(5) 农村经济组织的非农业用地或村民自用宅基地违反城市规划或超过市政府规定标准的建筑。

(6) 擅自改变工业厂房、住宅和其他建筑物使用功能的建筑。

(7) 逾期未拆除的临时建筑。

(8) 违反法律、法规有关规定的其他建筑。

若已被认定为违建，根据法律规定拆除违法建筑，行政机关在作出强制执行决定前，应先催告当事人履行义务，并告知当事人享有陈述和申辩权，经催告后当事人逾期不履行行政决定，且无正当理由的，行政机关可以作出强制执行决定。

遇到以航拍图认定违建并下发限期拆除决定的情况，可以通过向法院起诉或者向下发限期拆除决定机关的上一级行政机关申请行政复议。

法律依据

《中华人民共和国城乡规划法》

第六十四条　未取得建设工程规划许可证或者未按照建设工程规划许可证的规定进行建设的，由县级以上地方人民政府城乡规划主管部门责令停止建设；尚可采取改正措施消除对规划实施的影响的，限期改正，处建设工程造价百分之五以上百分之十以下的罚款；无法采取改正措施消除影响的，限期拆除，不能拆除的，没收实物或者违法收入，可以并处建设工程造价百分之十以下的罚款。

第六十五条　在乡、村庄规划区内未依法取得乡村建设规划许可证或者未按照乡村建设规划许可证的规定进行建设的，由乡、镇人民政府责令停止建设、限期改正；逾期不改正的，可以拆除。

《中华人民共和国行政强制法》

第三十五条　行政机关作出强制执行决定前，应当事先催告当事人履行义务。催告应当以书面形式作出，并载明下列事项：

（一）履行义务的期限；

（二）履行义务的方式；

（三）涉及金钱给付的，应当有明确的金额和给付方式；

（四）当事人依法享有的陈述权和申辩权。

第三十六条　当事人收到催告书后有权进行陈述和申辩。行政机关应当充分听取当事人的意见，对当事人提出的事实、理由和证据，应当进行记录、复核。当事人提出的事实、理由或者证据成立的，行政机关应当采纳。

第三十七条　第一款

经催告，当事人逾期仍不履行行政决定，且无正当理由的，行政机关可以作出强制执行决定。

盛廷提示

仅以航拍图认定违建并拆除是侵犯合法产权人权益的行为，房屋被拆除后房屋所有权人的住房权益更得不到保障。

八十七　农民翻建房屋未进行审批就是违法建设吗？要拆除吗？

案例故事

李小小在村里有一块宅基地，世代居住在此，因房屋居住多年有些破旧，2016 年李小小对该宅基地上的房屋进行了翻建。2017 年，当地政府认为李小小翻建房屋没有取得规划许可，违反了当地的《城乡规划条例》，房屋被认定为违建，并让李小小在 15 日内自行拆除。李小小想知道，在自己宅基地建房屋仅仅因为翻建没审批就是违法建设吗？这种情况的违建一定要被拆除吗？

案例解析

没有翻建手续，翻建的房屋很可能被认定为违法建筑，但是不一定要拆除。

根据法律规定，农民在原有宅基地上翻建房屋需要遵守各省、自治区、直辖市制定的农村村民住宅建设的规划管理办法。一般来说，即使不需要建设规划许可证，也应当报批，不能随意在自家宅基地上进行住宅翻建。若根据当地的管理办法需要建设规划许可证，则农民在原有宅基地翻建房屋时就需要申请规划许可证，否则就可能被乡镇人民政府认定为违法建设。

翻建的房屋被认定为违法建筑不一定要拆除。一般而言，规划行政主管部门应视违法建设的具体情节作出责令停止建设、限期改正、罚款、限期拆除、没收实物或者违法收入等措施或处罚。而对于何谓“尚可采取改正措施消除对规划实施的影响的”，上述法律法规并无具体规定。但上述指导意见及若干规定中的有关规定并非绝对条款，而“尚可采取改正措施消除对规划实施的影响的”从法律法规层面仍有进一步解释的空间。尤其是在相对人因原房屋严重影响居住安全与生活质量进行翻建的情况下，违法建设的查处机关应当充分考虑其所做行政行为是否会对违法建设人的居住安全与正常生活产生过度侵害，即应在充分平衡规划秩序利益与安居利益的前提下，采取适当的处理。因此，农民翻建房屋即使被认定为违法建设，拆除也不是唯一手段。

如果农民翻建房屋被认定为违法建设，行政机关要求拆除，我们可以通过审查其行政行为是否符合比例原则，充分考虑手段与后果的关系，如果行政裁量行为未充分考虑行为后果及该后果背后的法益，则不符合比例原则的要求。

法律依据

《中华人民共和国城乡规划法》

第四十一条　第二款

在乡、村庄规划区内使用原有宅基地进行农村村民住宅建设的规划管理办法，由省、自治区、直辖市制定。

第六十四条　未取得建设工程规划许可证或者未按照建设工程规划许可证的规定进行建设的，由县级以上地方人民政府城乡规划主管部门责令停止建设；尚可采取改正措施消除对规划实施的影响的，限期改正，处建设工程造价百分之五以上百分之十以下的罚款；无法采取改正措施消除影响的，限期拆除，不能拆除的，没收实物或者违法收入，可以并处建设工程造价百分之十以下的罚款。

第六十五条　在乡、村庄规划区内未依法取得乡村建设规划许可证或者未按照乡村建设规划许可证的规定进行建设的，由乡、镇人民政府责令停止建设、限期改正；逾期不改正的，可以拆除。

《住房和城乡建设部关于印发〈关于规范城乡规划行政处罚裁量权的指导意见〉的通知》（建法〔2012〕99号）

第四条　违法建设行为有下列情形之一的，属于尚可采取改正措施消除对规划实施影响的情形：

（一）取得建设工程规划许可证，但未按建设工程规划许可证的规定进行建设，在限期内采取局部拆除等整改措施，能够使建设工程符合建设工程规划许可证要求的。

（二）未取得建设工程规划许可证即开工建设，但已取得城乡规划主管部门的建设工程设计方案审查文件，且建设内容符合或采取局部拆除等整改措施后能够符合审查文件要求的。

第七条　第四条规定以外的违法建设行为，均为无法采取改正措施消除对规划实施影响的情形。

盛廷提示

翻建房屋被认定为违法建设，收到拆除决定书时，行政行为的比例原则也是我们维权的重要突破口之一。

八十八 河道内的建筑物一律是违法建设吗？

案例故事

刘美丽经营一家货运场多年，为了方便起货，她在河道内建设了一个水泥基墩平台，高4米，长4米，宽4米，挡土墙长12米，宽0.6米，占地面积约为26平方米。2017年12月27日，执法人员突然告诉刘美丽该平台是违法建设，需要立即自行拆除，并处罚款人民币1万元。刘美丽想知道，自己在河道内修建的平台为什么是违法建设？可不可以申请补办手续避免被拆呢？

案例解析

刘美丽所建平台是否属于违法建设，要根据建设审批、是否影响行洪等因素综合判断。

河道整治、拆除违建，主要根据《中华人民共和国河道管理条例》《中华人民共和国水法》《中华人民共和国防洪法》等法律，对于河道违建有比较明确的规范，如下6类违建乱建行为都是禁止的。

（1）在河道堤防和护堤地建房；

（2）未经批准在河道管理范围内建厂房、挖筑鱼塘；

（3）壅水、阻水严重的桥梁、码头和其他跨河工程设施；

（4）围湖造地；

（5）河道管理范围内的阻水障碍物；

（6）河道管理范围内建设妨碍行洪的建筑物、构筑物。

老百姓的河道建筑面临拆违，不能坐以待毙。一方面，只要能证明或说明建筑不妨害河道安全，当事人可以及时申请补办手续，使自己的建筑合法化。另一方面，在收到相应的行政处罚决定后，当事人不服的，可以在接到处罚通知之日起 15 日内，向作出处罚决定的机关的上一级机关申请复议，也可以在接到处罚通知之日起 15 日内，直接向法院起诉。在收到行政处罚决定后，千万不要无动于衷。因为逾期不申请复议也不向法院起诉又不履行处罚决定的，作出处罚决定的机关会直接申请人民法院强制执行。这会让当事人错过维权期限。

河道拆违，也必须注意建筑本身是否有一定的合法性基础，比如建房时得到了地方的许可；又或者房屋有土地证，但没有房产证；再比如房屋建设在相关法律出台之前。那么即便是面临拆除，也是可以去争取合理补偿的。

此外，拆违也有法定流程。如果因为拆违流程不合法导致合法财产遭受损失，是可以申请赔偿的。

法律依据

《中华人民共和国水法》

第三十七条　禁止在江河、湖泊、水库、运河、渠道内弃置、堆放阻碍行洪的物体和种植阻碍行洪的林木及高秆作物。

禁止在河道管理范围内建设妨碍行洪的建筑物、构筑物以及从事影响河势稳定、危害河岸堤防安全和其他妨碍河道行洪的活动。

第三十八条　在河道管理范围内建设桥梁、码头和其他拦河、跨河、临河建筑物、构筑物，铺设跨河管道、电缆，应当符合国家规定的防洪标准和其他有关的技术要求，工程建设方案应当依照防洪法的有关规定报经有关水行政主管部门审查同意。

因建设前款工程设施，需要扩建、改建、拆除或者损坏原有水工程设施的，建设单位应当负担扩建、改建的费用和损失补偿。但是，原有工程设施属于违法工程的除外。

第六十五条　在河道管理范围内建设妨碍行洪的建筑物、构筑物，或者从事影响河势稳定、危害河岸堤防安全和其他妨碍河道行洪的活动的，由县级以上人民政府水行政主管部门或者流域管理机构依据职权，责令停止违法行为，限期拆除违法建筑物、构筑物，恢复原状；逾期不拆除、不恢复原状的，强行拆除，所需费用由违法单位或者个人负担，并处一万元以上十万元以下的罚款。

未经水行政主管部门或者流域管理机构同意，擅自修建水工程，或者建设桥梁、码头和其他拦河、跨河、临河建筑物、构筑物，铺设跨河管道、电缆，且防洪法未作规定的，由县级以上人民政府水行政主管部门或者流域管理机构依据职权，责令停止违法行为，限期补办有关手续；逾期不补办或者补办未被批准的，责令限期拆除违法建筑物、构筑物；逾期不拆除的，强行拆除，所需费用由违法单位或者个人负担，并处一万元以上十万元以下的罚款。

虽经水行政主管部门或者流域管理机构同意，但未按照要求修建前款所列工程设施的，由县级以上人民政府水行政主管部门或者流域管理机构依据职权，责令限期改正，按照情节轻重，处一万元以上十万元以下的罚款。

《中华人民共和国河道管理条例》

第二十四条　在河道管理范围内，禁止修建围堤、阻水渠道、阻水道路；种植高秆农作物、芦苇、杞柳、荻柴和树木（堤防防护林除外）；设置拦河渔具；弃置矿渣、石渣、煤灰、泥土、垃圾等。

在堤防和护堤地，禁止建房、放牧、开渠、打井、挖窖、葬坟、晒粮、存放物料、开采地下资源、进行考古发掘以及开展集市贸易活动。

第二十五条　在河道管理范围内进行下列活动，必须报经河道主管机关批准；涉及其他部门的，由河道主管机关会同有关部门批准：

（一）采砂、取土、淘金、弃置砂石或者淤泥；

（二）爆破、钻探、挖筑鱼塘；

（三）在河道滩地存放物料、修建厂房或者其他建筑设施；

（四）在河道滩地开采地下资源及进行考古发掘。

第二十七条　禁止围湖造田。已经围垦的，应当按照国家规定的防洪标准进行治理，逐步退田还湖。湖泊的开发利用规划必须经河道主管机关审查同意。

禁止围垦河流，确需围垦的，必须经过科学论证，并经省级以上人民政府批准。

第三十六条　对河道管理范围内的阻水障碍物，按照“谁设障，谁清除”的原则，由河道主管机关提出清障计划和实施方案，由防汛指挥部责令设障者在规定的期限内清除。逾期不清除的，由防汛指挥部组织强行清除，并由设障者负担全部清障费用。

第三十七条　对壅水、阻水严重的桥梁、引道、码头和其他跨河工程设施，根据国家规定的防洪标准，由河道主管机关提出意见并报经人民政府批准，责成原建设单位在规定的期限内改建或者拆除。汛期影响防洪安全的，必须服从防汛指挥部的紧急处理决定。

《中华人民共和国防洪法》

第二十二条　第二款

禁止在河道、湖泊管理范围内建设妨碍行洪的建筑物、构筑物，从事影响河势稳定、危害河岸堤防安全和其他妨碍河道行洪的活动。

第四十二条　第一款

对河道、湖泊范围内阻碍行洪的障碍物，按照谁设障、谁清除的原则，由防汛指挥机构责令限期清除；逾期不清除的，由防汛指挥机构组织强行清除，所需费用由设障者承担。

盛廷提示

河道内的建筑物并非都是违法建筑，只要有证据证明已取得河道主管机关以及有关部门的批准就不属于违法建筑。

八十九　所有的违法建筑都必须拆除吗？

案例故事

2019年11月11日，王花花在河滨小区购买了一套135平方米的二手房，房屋在一层。为了方便晾晒衣物，扩大居住面积，王花花和丈夫王二草决定自己搭建一个面积约5平方米的阳台。谁曾想，2020年12月16日，当地综合执法中心在发现了王花花和王二草搭建的阳台之后，告诉他们这是违法建筑，必须拆除。王花花就在想，所有的违法建筑都一定要拆除吗？能不能采取补正措施避免拆除呢？

案例解析

不一定所有的违法建筑都要拆除。

在回答该问题前，我们需要明白到底什么是违法建筑。所谓违法建筑，就是指未取得拟建工程规划许可证的，在规划区以外建设的，或是违反建筑工程规划许可证的规定建设的，又或是采取欺骗手段骗取批准而占地新建、扩建和改建的，违反《土地管理法》《城乡规划法》等相关法律法规的规定动工建造的房屋及设施。

《中华人民共和国城乡规划法》第六十四条规定：未取得建设工程规划许可证或者未按照建设工程规划许可证的规定进行建设的，由县级以上地方人民政府城乡规划主管部门责令停止建设；尚可采取改正措施消除对规划实施的影响的，限期改正，处建设工程造价百分之五以上百分之十以下的罚款；无法采取改正措施消除影响的，限期拆除，不能拆除的，没收实物或者违法收入，可以并处建设工程造价百分之十以下的罚款。

从法律规定可以看出，如果可以采取改正措施消除对规划实施产生的影响，应当给相对人以改正的机会，有关行政机关可以对该违法建筑的所有人采取责令限期改正、罚款等处罚，相对人再通过补办手续使其合法化；如果建筑物严重违反城市规划，且无法采取改正措施消除对规划实施产生的实质影响，如妨碍城市规划、公共安全、公共交通、公共卫生等，则应限期拆除。

如果属于必须拆除的违法建筑，是否就必须全部拆除呢？答案是否定的。从现实情况来看，建筑物被认定为违法建筑的原因多种多样，有的违法建筑在拆除掉一部分之后，便可以通过采取改正措施消除其对规划实施产生的影响或者消除其造成的危险，在此情形下，基于让相对人损失降至最低、造成的社会风险最小的原则，也应当给予相对人改正的机会。

当然，如果只拆除掉一部分，还必须要考虑房屋的安全性、实用性等因素。如果对违法建筑拆除掉一部分之后，会导致房屋的安全性无法得到保证，可能造成更大的人身财产损失，此时相关部门还是应当对违法建筑全部拆除。在拆除一部分不影响房屋的安全性时，应当基于让相对人损失降至最低、造成的社会风险最小的原则，只拆除一部分，并责令相对人予以补救。

还应当注意的是，相对人在自己的建筑物被评估为不必须拆除的违章建筑时，一定要及时补办建设工程规划许可证，使其合法化。

法律依据

《中华人民共和国城乡规划法》

第六十四条　未取得建设工程规划许可证或者未按照建设工程规划许可证的规定进行建设的，由县级以上地方人民政府城乡规划主管部门责令停止建设；尚可采取改正措施消除对规划实施的影响的，限期改正，处建设工程造价百分之五以上百分之十以下的罚款；无法采取改正措施消除影响的，限期拆除，不能拆除的，没收实物或者违法收入，可以并处建设工程造价百分之十以下的罚款。

盛廷提示

所有的违法建筑都不是必须予以拆除的，应当根据实际情况区别对待。

九十 遇到违法建筑认定情况应该怎么应对？

案例故事

2008年，政府招商引资吸引当地很多人从事养殖产业，刘翠花就是其中一员。她经营了一家养殖公司，从事海水养殖，经营范围是鱼、虾养殖及技术开发。在开办养殖公司的时候，刘翠花向相关政府部门申请办证，报镇里、区里审批，获得了主管领导的签字。到水产局时被告知搞养殖不用专门办证，就给开了个证明。就这样，养殖场建了起来，并且十几年经营下来颇具规模，成为当地的龙头企业。但是2020年10月，刘翠花却收到政府下发的《行政处罚决定书》，说养殖场是未经批准擅自占地非法建设的，限期15日内自行拆除养殖设施及房屋。刘翠花不明白，最初招商引资的养殖场怎么就被认定为违法建筑了？遇到这种情况，她该怎么办？

案例解析

遇到违法建筑认定情况，一定要注意，要从认定违建的主体资格、法律依据、程序等方面综合判断，看其是否合法，进而采取行政复议或者行政诉讼等手段维权。

违法建设，是指在规划区范围以外建设，未经建设、规划行政主管部门批准或违反建设审批规定的建设项目，未按规定取得有关建设许可证的建设行为。一般包括城镇违法建设和乡村违法建设。城镇违法建设是指未依法取得建设工程规划许可证、临时建设工程规划许可证或者未按照许可内容进行建设的城镇建设工程，以及逾期未拆除的城镇临时建设工程。乡村违法建设是指未依法取得乡村建设规划许可证、临时乡村建设规划许可证或者未按照许可内容进行建设的乡村建设工程。但是否属于城乡规划确定的建设用地范围以内需要作出规划许可的内容或者因历史遗留问题，当年规划审批手续并不健全，无法进行完备的审批，需要具体来看。政府部门作出的关于违法建设的《行政处罚决定书》或者《责令限期拆除决定书》可能存在种种违法行为，对相关建筑的认定和处罚并不都是站得住脚的。

遇到违法建设的认定情况，可以采取以下方式维权：对所作出的违法建设认定的《行政处罚决定书》或者《责令限期拆除决定书》等政府部门下发的文件在法定期限内进行行政复议或者行政诉讼。

法律依据

《中华人民共和国土地管理法》

第四条　国家实行土地用途管制制度。

国家编制土地利用总体规划，规定土地用途，将土地分为农用地、建设用地和未利用地。严格限制农用地转为建设用地，控制建设用地总量，对耕地实行特殊保护。

前款所称农用地是指直接用于农业生产的土地，包括耕地、林地、草地、农田水利用地、养殖水面等；建设用地是指建造建筑物、构筑物的土地，包括城乡住宅和公共设施用地、工矿用地、交通水利设施用地、旅游用地、军事设施用地等；未利用地是指农用地和建设用地以外的土地。

使用土地的单位和个人必须严格按照土地利用总体规划确定的用途使用土地。

《自然资源部、农业农村部关于设施农业用地管理有关问题的通知》（自然资规〔2019〕4号）

一、设施农业用地包括农业生产中直接用于作物种植和畜禽水产养殖的设施用地。其中，作物种植设施用地包括作物生产和为生产服务的看护房、农资农机具存放场所等，以及与生产直接关联的烘干晾晒、分拣包装、保鲜存储等设施用地；畜禽水产养殖设施用地包括养殖生产及直接关联的粪污处置、检验检疫等设施用地，不包括屠宰和肉类加工场所用地等。

《中华人民共和国城乡规划法》

第四十条　在城市、镇规划区内进行建筑物、构筑物、道路、管线和其他工程建设的，建设单位或者个人应当向城市、县人民政府城乡规划主管部门或者省、自治区、直辖市人民政府确定的镇人民政府申请办理建设工程规划许可证。

申请办理建设工程规划许可证，应当提交使用土地的有关证明文件、建设工程设计方案等材料。需要建设单位编制修建性详细规划的建设项目，还应当提交修建性详细规划。对符合控制性详细规划和规划条件的，由城市、县人民政府城乡规划主管部门或者省、自治区、直辖市人民政府确定的镇人民政府核发建设工程规划许可证。

城市、县人民政府城乡规划主管部门或者省、自治区、直辖市人民政府确定的镇人民政府应当依法将经审定的修建性详细规划、建设工程设计方案的总平面图予以公布。

第四十一条　在乡、村庄规划区内进行乡镇企业、乡村公共设施和公益事业建设的，建设单位或者个人应当向乡、镇人民政府提出申请，由乡、镇人民政府报城市、县人民政府城乡规划主管部门核发乡村建设规划许可证。

在乡、村庄规划区内使用原有宅基地进行农村村民住宅建设的规划管理办法，由省、自治区、直辖市制定。

在乡、村庄规划区内进行乡镇企业、乡村公共设施和公益事业建设以及农村村民住宅建设，不得占用农用地；确需占用农用地的，应当依照《中华人民共和国土地管理法》有关规定办理农用地转用审批手续后，由城市、县人民政府城乡规划主管部门核发乡村建设规划许可证。

建设单位或者个人在取得乡村建设规划许可证后，方可办理用地审批手续。

第四十二条　城乡规划主管部门不得在城乡规划确定的建设用地范围以外作出规划许可。

盛廷提示

相关部门对于违法建设认定所下发的各种文件可能存在种种违法行为，对企业的认定和处罚并不都是站得住脚的，应及时采取法律手段积极维权，撤销相关的违法建设的认定。

九十一　农村违法建筑如何处理？

案例故事

2017 年，唐老大在自己家院子里搭了几间临时的棚子，用来存放粮食。几天之后，镇政府的人带着航拍图来找唐老大，说他的私搭乱建违反了相关条例。接下来一段时间，唐老大连续收到镇政府发来的文件。正在唐老大不知道怎么做的时候，镇政府带着人和工具来到他家，把他临时搭建的小屋子全都拆除了。这些人不只是拆了他临时搭的小棚子，连厨房和用来存放农具的小库房也一起拆了。唐老大不知道自己犯了什么法，也不知道镇政府的人有没有权力拆除。唐老大想知道，自己是不是真的犯法了？他们的强拆行为合法吗？

案例解析

根据相关法律规定，农村的违法建筑是指未经规划土地主管部门批准，未办理建设工程规划许可证或临时建设工程规划许可证，擅自建设的建筑物和构筑物。

农村的违法建筑包括：

（1）在已经规划的土地、公共场所或者公共用地上建设的建筑。

（2）不按照建筑许可批准，不按设计图纸进行施工的建筑。

（3）在批准之外擅自改建、加建的建筑物。

（4）农村非农经济组织的非农建设用地或村民自用宅基地非法转让建设的建筑。

（5）农村经济组织的非农业用地或宅基地违反城市规划或超出市政府规定标准的建筑。

（6）私自改变工厂、住宅以及其他建筑物使用功能的建筑。

（7）已经违反法律，限期拆除但未拆除的建筑。

农村的违法建筑该如何处理呢？主要有如下三种方式：

（1）占用集体土地或农业用地的建筑，应当由县级以上人民政府土地行政主管部门责令退还非法占用的土地；违反土地利用总体规划擅自将农用地改为建设用地的，应限期拆除建筑并恢复土地原状；对于符合土地利用总体规划的建筑，应没收在非法占用地上的建筑和其他设施，并对建筑行为进行罚款。

（2）对未取得建设工程规划许可证或者未按建设工程规划许可证的规定进行建设的，由县级以上人民政府城乡规划主管部门或乡镇政府责令停止建设的，应按照县级以上地方人民政府要求限期拆除或者接受没收和罚款。

（3）对于历史原因存在的规划之外或没有手续的建筑，不能按照违章建筑处理，应当组织规划、土地、执法等部门对未办理相关手续的建筑进行认定，认定合法的需要拆除的建筑要给予补偿，认定违法的不予补偿。

法律依据

《中华人民共和国土地管理法》

第八十三条　依照本法规定，责令限期拆除在非法占用的土地上新建的建筑物和其他设施的，建设单位或者个人必须立即停止施工，自行拆除；对继续施工的，作出处罚决定的机关有权制止。建设单位或者个人对责令限期拆除的行政处罚决定不服的，可以在接到责令限期拆除决定之日起十五日内，向人民法院起诉；期满不起诉又不自行拆除的，由作出处罚决定的机关依法申请人民法院强制执行，费用由违法者承担。

《中华人民共和国城乡规划法》

第六十四条　未取得建设工程规划许可证或者未按照建设工程规划许可证的规定进行建设的，由县级以上地方人民政府城乡规划主管部门责令停止建设；尚可采取改正措施消除对规划实施的影响的，限期改正，处建设工程造价百分之五以上百分之十以下的罚款；无法采取改正措施消除影响的，限期拆除，不能拆除的，没收实物或者违法收入，可以并处建设工程造价百分之十以下的罚款。

第六十五条　在乡、村庄规划区内未依法取得乡村建设规划许可证或者未按照乡村建设规划许可证的规定进行建设的，由乡、镇人民政府责令停止建设、限期改正；逾期不改正的，可以拆除。

盛廷提示

违法建设的建筑应尽快自行拆除，如果是在耕地上的建筑，还需要恢复地貌，在永久基本农田上的建筑不仅要拆除，情节严重的还要承担刑事责任。

第六章　农村集体资产

九十二　农村集体资产包括什么？农村集体资产归谁所有？

案例故事

2010 年，农家乐作为乡村旅游的特色项目在太阳村非常有名，幸福花公司想在太阳村发展生态旅游，找到当时任村书记兼主任的张二毛，商定占用太阳村部分闲散地，用于开发农家乐产业项目。后该村未经村民会议讨论决定，与幸福花公司签订了合同书，约定太阳村总面积为 200000 平方米农用地有偿出租给幸福花公司兴办工厂、宿舍和综合性建设。在建设过程中，部分村民反映幸福花公司违法占用农村集体土地，主张之前签订的合同书无效。他们认为这些地是村里的财产，他们的主张能得到支持吗？

案例解析

农村集体资产，是属于村集体所有的财产。处理村集体资产，必须经过村民同意，村委会或者个人无权擅自处置集体资产。

根据《中共中央、国务院关于稳步推进农村集体产权制度改革的意见》，农村集体经济是集体成员利用集体所有的资源要素，通过合作与联合实现共同发展的一种经济形态，是社会主义公有制经济的重要形式。农村集体资产包括农民集体所有的土地、森林、山岭、草原、荒地、滩涂等资源性资产，用于经营的房屋、建筑物、机器设备、工具器具、农业基础设施、集体投资兴办的企业及其所持有的其他经济组织的资产份额、无形资产等经营性资产，用于公共服务的教育、科技、文化、卫生、体育等方面的非经营性资产。

农村集体资产归本农村集体经济组织全体成员共同所有。如果村委会未经村民会议讨论决定处分村里集体资产，应积极通过法律程序维权。

法律依据

《中共中央、国务院关于稳步推进农村集体产权制度改革的意见》

第一条　第二款

农村集体产权制度改革是维护农民合法权益、增加农民财产性收入的重大举措。农村集体资产包括农民集体所有的土地、森林、山岭、草原、荒地、滩涂等资源性资产，用于经营的房屋、建筑物、机器设备、工具器具、农业基础设施、集体投资兴办的企业及其所持有的其他经济组织的资产份额、无形资产等经营性资产，用于公共服务的教育、科技、文化、卫生、体育等方面的非经营性资产。这三类资产是农村集体经济组织成员的主要财产，是农业农村发展的重要物质基础。

《中华人民共和国村民委员会组织法（2018修正）》

第二十二条　召开村民会议，应当有本村十八周岁以上村民的过半数，或者本村三分之二以上的户的代表参加，村民会议所作决定应当经到会人员的过半数通过。法律对召开村民会议及作出决定另有规定的，依照其规定。

召开村民会议，根据需要可以邀请驻本村的企业、事业单位和群众组织派代表列席。

第二十四条　涉及村民利益的下列事项，经村民会议讨论决定方可办理：

（一）本村享受误工补贴的人员及补贴标准；

（二）从村集体经济所得收益的使用；

（三）本村公益事业的兴办和筹资筹劳方案及建设承包方案；

（四）土地承包经营方案；

（五）村集体经济项目的立项、承包方案；

（六）宅基地的使用方案；

（七）征地补偿费的使用、分配方案；

（八）以借贷、租赁或者其他方式处分村集体财产；

（九）村民会议认为应当由村民会议讨论决定的涉及村民利益的其他事项。

村民会议可以授权村民代表会议讨论决定前款规定的事项。

法律对讨论决定村集体经济组织财产和成员权益的事项另有规定的，依照其规定。

盛廷提示

农村集体资产属于本集体经济组织全体成员共同所有，故村委会未经村民会议讨论决定，不能将集体资产随意处分，否则其处分行为无效。

九十三　谁有农村集体资产收益分配资格？

案例故事

李二丫是土生土长的北山村人，2010 年嫁去了外村。2013 年，李二丫离婚后带孩子回到北山村，其间，户口一直在北山村。回村后，李二丫和父母生活在一起，一直在村里种田、带娃。2019 年，北山村村委会把村里的 20 亩集体土地租给了市里的种羊公司建生产基地，种羊公司每年给村里 30 万元租金。北山村村委就每年 30 万元租金的分配问题开了个村民会议，出了个分配方案，分配方案中明确规定像李二丫这样的外嫁女不属于分配对象。李二丫就想不明白，30 万元租金是给全村的，村委会有权对这 30

万元租金进行分配吗？

案例解析

是否享有集体资产分配的权益，关键看是否具有村集体经济组织成员资格。

每一位农村集体经济组织成员都有参与“农村集体资产收益”分配的权利，具体实现形式为通过召开村民会议作出“村民会议决定”（或是村民会议授权村民代表会议讨论决定），对“农村集体资产收益”进行分配。

法律依据

《中华人民共和国村民委员会组织法》

第二十四条　涉及村民利益的下列事项，经村民会议讨论决定方可办理：

（一）本村享受误工补贴的人员及补贴标准；

（二）从村集体经济所得收益的使用；

（三）本村公益事业的兴办和筹资筹劳方案及建设承包方案；

（四）土地承包经营方案；

（五）村集体经济项目的立项、承包方案；

（六）宅基地的使用方案；

（七）征地补偿费的使用、分配方案；

（八）以借贷、租赁或者其他方式处分村集体财产；

（九）村民会议认为应当由村民会议讨论决定的涉及村民利益的其他事项。

村民会议可以授权村民代表会议讨论决定前款规定的事项。

法律对讨论决定村集体经济组织财产和成员权益的事项另有规定的，依照其规定。

《最高人民法院　国家发展和改革委员会关于为新时代加快完善社会主义市场经济体制提供司法服务和保障的意见》（法发〔2020〕25号）

依法保护农村集体经济组织成员权益，对农村集体经济组织将经营性资产、资源性资产折股量化到集体经济组织成员的，要依法充分保障农村集体经济组织成员参与经营决策和收益分配的权利。

盛廷提示

集体资产为广大农民共同所有，其收益也应属于广大农民共同所有。每一位农村集体经济组织成员都应充分享有自己参与分配集体资产收益的权利，以保障自身合法权益不受侵害。

九十四　拥有农村户口等于有集体经济组织成员资格吗？

案例故事

1992 年，湖南人王阿大带着全家搬到了湖北的垭口村，垭口村村委会当年就给王阿大出具了《接收证》，并为王阿大全家落了户。1996 年，全村土地开始组织二轮承包，大量村民外出打工，村里荒地增多，于是村委会把抛荒的 9 亩耕地分给了外来户王阿大，并办理了土地承包经营权证。王阿大兴奋不已，开始开荒耕种，并缴纳各项税费。2015 年，国家开始进行土地确权，乡政府以垭口村要征收土地为由没给王阿大换新证。2017 年，开始征收，村委会说王阿大一家不是村集体经济组织成员，土地补偿款不分给王阿大，也不给其办失地保险，只给王阿大地上附着物和青苗费的补偿。王阿大越想越纳闷，他在村里种地这么多年，怎么就不属于村集体经济组织成员了呢？

案例解析

本案例中，明确了王阿大的户口已经落在湖北的埡口村，那么问题的集中点在于：有农村户口就等于有集体经济组织成员资格吗？

可以明确的是，户口与集体经济组织成员资格不是同一个概念。

一直以来，国家都没有出台“集体经济组织成员资格认定”的统一标准。

为了解决日益增多的“集体经济组织成员资格认定”纠纷，各省结合实际情况出台了一些地方政策和指导意见，比如《湖北省农村集体经济组织管理办法》、《广东省农村集体经济组织管理规定》、《四川省农村集体经济组织成员资格界定指导意见》、重庆市高级人民法院印发的《关于农村集体经济组织成员资格认定问题的会议纪要》通知等。

根据《湖北省农村集体经济组织管理办法》，农村集体经济组织，是指在一定社区范围内，以土地等生产资料劳动群众集体所有为基础的乡（含镇，下同）经济联合总社、村经济联合社、组经济合作社等集体经济组织（不包含农村信用合作社和供销合作社）。而“集体经济组织成员资格”指的是以上农村集体经济组织的成员身份。

1997年制定的《湖北省农村集体经济组织管理办法》，制定时间较早，基于当时的社会生产情况，把农村户口等同于集体经济组织成员资格。

2013年修订的《广东省农村集体经济组织管理规定》，修订时间较晚，其综合考虑了农村户口和履行村组织义务两方面，来进行集体经济组织成员资格的认定。

2020年11月4日实施的《农业农村部关于印发〈农村集体经济组织示范章程（试行）〉的通知》，进一步明确了以农村户口、履行村组织义务及成员（代表）大会表决三方面因素作为集体经济组织成员资格认定的条件。

法律依据

《湖北省农村集体经济组织管理办法》

第十五条 凡户籍在经济合作社或经济联合社范围内，年满16周岁的农民，均为其户籍所在地农村集体经济组织的社员。户口迁出者，除法律、法规和社章另有规定外，其社员资格随之取消；其社员的权利、义务在办理终止承包合同、清理债权债务等手续后，亦同时终止。

《广东省农村集体经济组织管理规定》

第十五条 原人民公社、生产大队、生产队的成员，户口保留在农村集体经济组织所在地，履行法律法规和组织章程规定义务的，属于农村集体经济组织的成员。

实行以家庭承包经营为基础、统分结合的双层经营体制时起，集体经济组织成员所生的子女，户口在集体经济组织所在地，并履行法律法规和组织章程规定义务的，属于农村集体经济组织的成员。

实行以家庭承包经营为基础、统分结合的双层经营体制时起，户口迁入、迁出集体经济组织所在地的公民，按照组织章程规定，经社委会或者理事会审查和成员大会表决确定其成员资格；法律、法规、规章和县级以上人民政府另有规定的，从其规定。

农村集体经济组织成员户口注销的，其成员资格随之取消；法律、法规、规章和组织章程另有规定的，从其规定。

《农业农村部关于印发〈农村集体经济组织示范章程（试行）〉的通知》（农政改发〔2020〕5号）

第八条 本社成员身份确认基准日为　　年　　月　　日。

本社遵循“尊重历史、兼顾现实、程序规范、群众认可”的原则，统筹考虑户籍关系、农村土地承包关系、对集体积累的贡献等因素，按照有关法律、法规、政策共确认成员　　人（名单见本章程所附成员名册）。

基准日以后，本社成员身份的取得和丧失，依据法律、法规和本章程规定。

第九条　户籍在本社所在地且长期在本社所在地生产生活，履行法律、法规和本章程规定义务，符合下列条件之一的公民，经书面申请，由本社成员（代表）大会表决通过的，取得本社成员身份：

（一）父母双方或一方为本社成员的；

（二）与本社成员有合法婚姻关系的；

（三）本社成员依法收养的；

……

第十条　下列人员丧失本社成员身份：

（一）死亡或被依法宣告死亡的；

（二）已取得与本社没有隶属关系的其他农村集体经济组织成员身份的；

（三）自愿书面申请放弃本社成员身份的；

（四）丧失中华人民共和国国籍的；

……

（六）按照有关法律、法规、政策规定丧失成员身份的。

盛廷提示

随着社会经济的发展，户口已经不是集体经济组织成员资格认定的唯一要素，是否为集体经济组织做出贡献，是否得到集体经济组织的承认，已经成为集体经济组织成员资格认定的关键条件。

九十五　农村集体经济组织成员资格由谁确定？产生争议怎么解决？

案例故事

外村村民李二丫与本村村民王阿大于2016年结婚，两人均系再婚。2016年5月27日，李二丫以夫妻投靠为由将户口迁入村小组，此时因户籍政策变动，李二丫的落户无须也未经本村组组民同意。因市地铁三号线的建设需要，村组获得土地补偿款约 600 万元。2016 年 8 月，村组形成分配方案，按 196 个人口进行分配，每人分得约 3 万元。李二丫未参与分配，就李二丫是否具有集体经济组织成员资格问题，村组至今未形成民主决议。后李二丫起诉至法院，法院认为李二丫提出的确认身份权之诉，在现阶段没有相应的法律依据，亦不属于法院民事案件的受理范畴，需在程序上予以驳回。李二丫很困惑，她的农村集体经济组织成员资格究竟应该由谁确定？产生争议怎么解决呢？

案例解析

农村集体经济组织成员资格认定一般交由村民自治解决，但是如果就集体收益分配等具体争议诉至法院，法院也可以一并对集体成员资格进行认定，但不能单独就集体组织成员资格认定起诉到法院。

（1）农村集体经济组织成员资格究竟应该由谁确定？

目前，我国现行法律未赋予政府部门确认集体成员资格行政职权。司法实践中，人民法院也通常会认为确认身份权之诉不属于法院民事案件的受理范畴。

2020 年 11 月 4 日实施的《农业农村部关于印发〈农村集体经济组织示范章程（试行）〉的通知》中，关于“成员身份确认”提出了“经书面申请，由本社成员（代表）大会表决通过的，取得本社成员身份”。虽然以上为指导性文件，但结合司法实践，亦表明了目前国内主流观点为“农村集体经济组织成员资格认定”交由村民自治。

（2）产生争议怎么解决？

根据《中华人民共和国村民委员会组织法》，村民会议或者村民代表会议的决定损害了村民的合法权益的，由乡、民族乡、镇的人民政府责令改正。前面我们已经讨论了，目前司法实践主流观点认为，“农村集体经济组织成员资格认定”应交由村民自治，由村民会议作出决定确认，因此，当发生争议时，争议人可向乡、民族乡、镇的人民政府反映，要求其对错误的“村民会议决定”责令改正。

法律依据

《农业农村部关于印发〈农村集体经济组织示范章程（试行）〉的通知》（农政改发〔2020〕5号）

第九条　户籍在本社所在地且长期在本社所在地生产生活，履行法律、法规和本章程规定义务，符合下列条件之一的公民，经书面申请，由本社成员（代表）大会表决通过的，取得本社成员身份：

（一）父母双方或一方为本社成员的；

（二）与本社成员有合法婚姻关系的；

（三）本社成员依法收养的；

……

《中华人民共和国村民委员会组织法》

第二十七条　村民会议可以制定和修改村民自治章程、村规民约，并报乡、民族乡、镇的人民政府备案。

村民自治章程、村规民约以及村民会议或者村民代表会议的决定不得与宪法、法律、法规和国家的政策相抵触，不得有侵犯村民的人身权利、民主权利和合法财产权利的内容。

村民自治章程、村规民约以及村民会议或者村民代表会议的决定违反前款规定的，由乡、民族乡、镇的人民政府责令改正。

盛廷提示

司法实践中，集体经济组织成员身份的认定倾向于村民自治，因此，为了减少争议纠纷，更好地保障农民合法身份权益，政府部门应积极地发挥指导监督职责，做到真正的定纷止息。

九十六　如何保障“外嫁女”集体资产收益分配权利？

案例故事

余丹婚后户口未迁出娘家所在的村庄。2015 年 1 月，余丹生了个女儿，女儿随余丹将户口登记在娘家所在村。后因为修路，村里获得土地征收补偿款 610 多万元。2016 年 5 月，村里制定《土地费借贷协议》，约定“对生活困难者组上实施借贷，以大户为单位，最低不低于 3 万元”。该协议名为借贷，实为分配补偿款。余丹和女儿被排除在外。余丹想知道，她和女儿有权分征地补偿款吗？

案例解析

余丹能否获得征地补偿款，关键是对其集体组织成员资格的认定。

外嫁女，通俗讲就是同集体组织之外的人结婚的女性。保障外嫁女集体资产收益分配权利主要通过两个步骤：

（1）确认外嫁女集体组织成员资格。

（2）参与分配集体资产收益。

上述两个步骤可同时通过诉讼方式进行，当事人需要提供身份登记、参与选举、长期在该集体组织生活并以该集体组织土地等作为生产生活保障等证据。

法律依据

《中华人民共和国农村土地承包法》

第六条　农村土地承包，妇女与男子享有平等的权利。承包中应当保护妇女的合法权益，任何组织和个人不得剥夺、侵害妇女应当享有的土地承包经营权。

《中华人民共和国妇女权益保障法》

第三十二条　妇女在农村土地承包经营、集体经济组织收益分配、土地征收或者征用补偿费使用以及宅基地使用等方面，享有与男子平等的权利。

第三十三条　任何组织和个人不得以妇女未婚、结婚、离婚、丧偶等为由，侵害妇女在农村集体经济组织中的各项权益。因结婚男方到女方住所落户的，男方和子女享有与所在地农村集体经济组织成员平等的权益。

《中华人民共和国村民委员会组织法》

第二十七条　村民会议可以制定和修改村民自治章程、村规民约，并报乡、民族乡、镇的人民政府备案。

村民自治章程、村规民约以及村民会议或者村民代表会议的决定不得与宪法、法律、法规和国家的政策相抵触，不得有侵犯村民的人身权利、民主权利和合法财产权利的内容。

村民自治章程、村规民约以及村民会议或者村民代表会议的决定违反前款规定的，由乡、民族乡、镇的人民政府责令改正。

盛廷提示

外嫁女只要有集体组织成员资格，就有权分配集体资产，任何组织和个人都不能非法剥夺其权利。

九十七　村委会及其成员侵占村集体资产，集体经济组织成员如何维权？

案例故事

2008年，因修建水电站，政府对村民进行了补偿。2015年12月30

日，村里召开村民大会，作出资金分配方案，并经移民局备案后将资金划至村级会计委托代理服务中心。18户搬迁户认为，村民大会表决分配的资金属于征收补偿款，应当由移民人口享受分配，而村里作出的分配方案将非移民人口也列入参与资金分配者行列，侵害了移民户的合法权益，移民户想知道，他们该怎么办？

案例解析

集体所有财产受法律保护，禁止任何单位和个人侵占、私分；村委会是基层群众自治组织，并不能擅自处置集体财产，更不能侵犯集体财产。

集体经济组织、村民委员会或者其负责人作出的决定侵害集体经济组织成员合法权益的，可以通过如下两种办法解决：

（1）向乡镇或县级政府反映该违法行为，由上级领导督促其及时纠正违法行为；

（2）向基层人民法院提起诉讼，比如擅自签订转让土地合同的，可以请求人民法院撤销该合同。

当然，如果村委会成员擅自侵吞集体财产的，就可能涉嫌犯罪。这就是另一个层面的问题了，需要检察机关介入了。

法律依据

《中华人民共和国村民委员会组织法》

第二十七条　村民会议可以制定和修改村民自治章程、村规民约，并报乡、民族乡、镇的人民政府备案。

村民自治章程、村规民约以及村民会议或者村民代表会议的决定不得与宪法、法律、法规和国家的政策相抵触，不得有侵犯村民的人身权利、民主权利和合法财产权利的内容。

村民自治章程、村规民约以及村民会议或者村民代表会议的决定违反前款规定的，由乡、民族乡、镇的人民政府责令改正。

《最高人民法院关于审理涉及农村土地承包纠纷案件适用法律问题的解释》
（法释〔2005〕6号）

第一条　第三款

集体经济组织成员就用于分配的土地补偿款数额提起民事诉讼的，法院不予受理，应当驳回原告的诉讼请求，但本案原告并非就用于分配的土地补偿款数额提起的民事诉讼，而是就固定分配数额应当如何分配提起的诉讼，对被告的该抗辩理由本院不予采纳。

盛廷提示

如果村委会或者个人侵占集体组织权益，可以向乡镇或县级政府反映该违法行为，由上级领导督促其及时纠正违法行为；也可以向法院提起诉讼。

九十八　集体资产股权份额能否继承？集体经济组织外的继承人能否继承？

案例故事

臧西泉夫妇分别于1997年、1999年去世，他们生前留下了集体资产股权（折合人民币10万元），臧西泉的儿子臧琳找到村里想要继承父母留下的股权，但是村委会说他们不是村集体经济组织成员，不能继承股权。对此，臧琳想知道，他有权继承父母在村集体的股权份额吗？

案例解析

集体资产股权份额原则上可以继承，但是集体经济组织外的继承人不可以继承。不过这也不是绝对的，受政策、村民自治范围等限制。

具体来说，只要农民作为集体经济组织成员资格合法、股权份额获得程序合法，就可以依法继承。对于集体经济组织以外的人能否继承集体资产股权份额，各地规定不一，有的地方实行“户内共享”的制度，与家庭联产承包制以“户”为单位的现行法律制度相一致；有的地方允许集体经济组织以外的人继承，享有收益权，但是否享有表决权，要由集体组织章程规定。

法律依据

《中华人民共和国民法典》

第一千一百二十条　国家保护自然人的继承权。

第一千一百二十二条　遗产是自然人死亡时遗留的个人合法财产。依照法律规定或者根据其性质不得继承的遗产，不得继承。

第一千一百五十二条　继承开始后，继承人于遗产分割前死亡，并没有放弃继承的，该继承人应当继承的遗产转给其继承人，但是遗嘱另有安排的除外。

《四川省农村集体经济组织条例》

第三十二条　农村集体经济组织应当以股份或者份额形式将除集体土地所有权以外的集体经营性资产量化到本集体经济组织成员并出具持股证明，作为成员持有集体资产股份和享有收益分配权的依据。

农村集体资产股份（份额）可以在本集体经济组织成员之间转让或者由本集体经济组织赎回。转让集体资产股份（份额）给本集体经济组织其他成员的，受让方所持股份（份额）占本集体经济组织全部股份（份额）比重不得超过百分之五；由本集体经济组织赎回的，应当由成员自愿提出申请，经成员大会或者成员代表大会同意后，按照协商价格赎回。

农村集体资产股份（份额）不得向本集体经济组织成员之外的人员转让。

农村集体资产股份（份额）可以依法继承。本集体经济组织成员之外的人员通过继承取得股份（份额）的，是否享有表决权由组织章程规定。

盛廷提示

集体资产股权份额原则上可以继承，但是集体经济组织外的继承人不可以继承。不过这也不是绝对的，受政策、村民自治范围等限制。

九十九　农村集体经济组织和村委会有什么区别？

案例故事

最近，赵家村在搞土地征收，村里的土地都被收归国有了，但是，村民却未收到任何土地补偿款，一问才知道，土地补偿款都在村委会手里。村民赵东来的儿子是大学生，通过查询相关法律知识，得知土地补偿款应当为全体农村集体经济组织成员所有，但是赵家村村委会主任声称，村委会就是农村集体经济组织。这可把村民整糊涂了，村民固有的观念也认为村委会和农村集体经济组织是一样的。那么到底农村集体经济组织和村委会是一样的吗？二者又有什么区别呢？

案例解析

村委会和村集体经济组织是两个不同的概念。

村委会全称是村民委员会，是村民自我管理、自我教育、自我服务的基层群众性自治组织。

村委会的主要职能包括：

（1）办理本村的公共事务和公益事业，调解民间纠纷，协助维护社会治安，向人民政府反映村民的意见、要求和提出建议；

（2）依照宪法和法律，支持和保障村民开展自治活动、直接行使民主权利，建立健全村务公开和民主管理制度；

（3）支持和组织村民依法发展各种形式的合作经济和其他经济，承担本村生产的服务和协调工作，促进农村生产建设和社会主义市场经济的发展；

（4）尊重集体经济组织依法独立进行经济活动的自主权，维护以家庭承包经营为基础、统分结合的双层经营体制，保障集体经济组织和村民、承包经营户、联户或者合伙的合法的财产权和其他合法的权利；

（5）依照法律规定，管理本村属于村农民集体所有的土地和其他财产，教育村民合理利用自然资源，保护和改善生态环境；

（6）宣传宪法、法律、法规和国家的政策，教育和推动村民履行法律规定的义务，爱护公共财产，维护村民的合法的权利，发展文化教育，普及科技知识，促进村和村之间的团结、互助，开展多种形式的社会主义精神文明建设活动；

（7）组织实施本村的建设规划，兴修水利、道路等基础设施，指导村民住宅建设；

（8）向村民会议或者村民代表会议报告工作并接受评议，执行村民会议或者村民代表会议的决议、议定；

（9）未设立村集体经济组织的，村民委员会可以依法代行村集体经济组织的职能。

农村集体经济组织是我国法律法规中提到的一个名词，但该名词具体内涵在法律上并无准确定义。从民事法律对农村集体经济组织分类来看，农村集体经济组织是指拥有一个自然村或者行政村名下的财产所有权，并享有对该财产占有、使用、处置的特别法人。

农村集体经济组织的职能：在我国，农村集体经济组织是除国家以外对土地拥有所有权的唯一的组织，其职责主要是组织本集体成员参加生产活动，利用本经济组织的生产资料、生产工具等从事营利性活动。

法律依据

《中华人民共和国村民委员会组织法》

第二条　村民委员会是村民自我管理、自我教育、自我服务的基层群众性自治组织，实行民主选举、民主决策、民主管理、民主监督。

村民委员会办理本村的公共事务和公益事业，调解民间纠纷，协助维护社会治安，向人民政府反映村民的意见、要求和提出建议。

村民委员会向村民会议、村民代表会议负责并报告工作。

第三条　村民委员会根据村民居住状况、人口多少，按照便于群众自治，有利于经济发展和社会管理的原则设立。

村民委员会的设立、撤销、范围调整，由乡、民族乡、镇的人民政府提出，经村民会议讨论同意，报县级人民政府批准。

村民委员会可以根据村民居住状况、集体土地所有权关系等分设若干村民小组。

第四条　中国共产党在农村的基层组织，按照中国共产党章程进行工作，发挥领导核心作用，领导和支持村民委员会行使职权；依照宪法和法律，支持和保障村民开展自治活动、直接行使民主权利。

第五条　乡、民族乡、镇的人民政府对村民委员会的工作给予指导、支持和帮助，但是不得干预依法属于村民自治范围内的事项。

村民委员会协助乡、民族乡、镇的人民政府开展工作。

《中华人民共和国宪法》

第八条　农村集体经济组织实行家庭承包经营为基础、统分结合的双层经营体制。农村中的生产、供销、信用、消费等各种形式的合作经济，是社会主义劳动群众集体所有制经济。参加农村集体经济组织的劳动者，有权在法律规定的范围内经营自留地、自留山、家庭副业和饲养自留畜。

第十七条　集体经济组织在遵守有关法律的前提下，有独立进行经济活动的自主权。

集体经济组织实行民主管理，依照法律规定选举和罢免管理人员，决定经营管理的重大问题。

《中华人民共和国农业法》

第十条　第三款

农村集体经济组织应当在家庭承包经营的基础上，依法管理集体资产，为其成员提供生产、技术、信息等服务，组织合理开发、利用集体资源，壮大经济实力。

第七十一条　国家依法征收农民集体所有的土地，应当保护农民和农村集体经济组织的合法权益，依法给予农民和农村集体经济组织征地补偿，任何单位和个人不得截留、挪用征地补偿费用。

盛廷提示

农村集体经济组织不等同于村委会，二者是两个独立组织，但是二者职责权限上存在交叉重叠。

一〇〇　农业户口现在有什么优势？

案例故事

在十多年前，城市户口特别吃香，那个时候农村的父母挤破了脑袋，花大价钱都想买城市户口，除了为自己考虑，更多的是为了孩子的教育和发展考虑，因此很多人都将自己的户口迁到城市。村民王二强是土生土长的农村人，最近王二强听说有很多村民出于工作、学习等原因，将农村户籍迁往城市。王二强也在蠢蠢欲动，想要把户口迁到城市做一个“城里人”，享受城市带来的工作和学习的便捷待遇，自己的孩子也能在城市里上学。那么，农业户口真的不好吗？农业户口有哪些优势呢？

案例解析

随着城乡一体化的推进，农业户口与城市户口的差距越来越小，而且农业户口相比城市户口有一些优势：

（1）农村户口能拥有承包地和宅基地，农民通过审批可在自家宅基地建房。承包地、宅基地、林地拥有各种各样的国家补贴。

（2）享受到集体收益分配权：分配土地等集体经济利益。如有些地方现在凡是有农村户口的，不论成人还是儿童，每人每年都能分红。

（3）征地补偿：对农民集体所有土地实行征收或征用，并按照被征地的原用途等给予补偿。

（4）大病保险、新农合和新农保：新农合是以大病统筹为主的农民医疗互助共济制度。

法律依据

《中华人民共和国土地管理法》

第二条　中华人民共和国实行土地的社会主义公有制，即全民所有制和劳动群众集体所有制。

全民所有，即国家所有土地的所有权由国务院代表国家行使。

任何单位和个人不得侵占、买卖或者以其他形式非法转让土地。土地使用权可以依法转让。

国家为了公共利益的需要，可以依法对土地实行征收或者征用并给予补偿。

国家依法实行国有土地有偿使用制度。但是，国家在法律规定的范围内划拨国有土地使用权的除外。

盛廷提示

农业户口目前比非农业户口有更多的优势，比如在住宅土地、养老、医疗、集体收益分配等方面，随着城乡差距的不断缩小，户籍方面的不断改革，以后农业户口的优势会越来越明显。

附录一

必备法律法规

法律

《中华人民共和国民法典》

《中华人民共和国农业法》

《中华人民共和国畜牧法》

《中华人民共和国水法》

《中华人民共和国土地管理法》

《中华人民共和国农村土地承包法》

《中华人民共和国村民委员会组织法》

《中华人民共和国城乡规划法》

《中华人民共和国农村土地承包经营纠纷调解仲裁法》

《中华人民共和国乡村振兴促进法》

《中华人民共和国农民专业合作社法》

行政法规

《土地管理法实施条例》

《基本农田保护条例》

《政府信息公开条例》

《农村土地经营权流转管理办法》

《畜禽规模养殖污染防治条例》

《村庄和集镇规划建设管理条例》

司法解释

《最高人民法院关于审理涉及农村土地承包经营纠纷调解仲裁案件适用法律若干问题的解释［法释〔2014〕1号（2020年12月修正）］》

《最高人民法院关于审理涉及农村集体土地行政案件若干问题的规定》（法释〔2011〕20号）

《最高人民法院关于审理涉及农村土地承包纠纷案件适用法律问题的解释》［法释〔2005〕6号（2020年12月修正）］》

附录二

部分合同、材料范本

编码：

农村土地（耕地）承包合同（家庭承包方式）

发包方：________县（市、区、旗）________乡（镇、街道）______村________组

发包方负责人：________

承包方代表：________

承包方地址：________县（市、区、旗）__________乡（镇、街道）________村________组

为稳定和完善以家庭承包经营为基础、统分结合的双层经营体制，赋予农民长期而有保障的土地承包经营权，维护承包双方当事人的合法权益，根据《中华人民共和国农村土地承包法》《中华人民共和国物权法》《中华人民共和国合同法》等相关法律和本集体经济组织依法通过的农村土地承包方案，订立本合同。

一、承包土地情况

地块名称	地块编码	坐落				面积（亩）	质量等级	备注
		东至	西至	南至	北至			
面积总计	—	—		—	—			

二、承包期限

________年：________年________月________日至________年________月________日

三、承包土地用途

农业生产。

四、发包方的权利与义务

（一）发包方的权利

1. 监督承包方依照承包合同约定的用途合理利用和保护土地；

2. 制止承包方损害承包地和农业资源的行为；

3. 法律、行政法规规定的其他权利。

（二）发包方的义务

1. 维护承包方的土地承包经营权，不得非法变更、解除承包合同；

2. 尊重承包方的生产经营自主权，不得干涉承包方依法进行正常的生产经营活动；

3. 执行县、乡（镇）土地利用总体规划，组织本集体经济组织内的农业基础设施建设；

4. 法律、行政法规规定的其他义务。

五、承包方的权利与义务

（一）承包方的权利

1. 依法享有承包地占有、使用、收益和土地承包经营权流转的权利，有权自主组织生产经营和处置产品；

2. 承包地被依法征收、征用、占用的，有权依法获得相应的补偿；

3. 法律、行政法规规定的其他权利。

（二）承包方的义务

1. 维持土地的农业用途，不得用于非农建设；

2. 依法保护和合理利用土地，不得给土地造成永久性损害；

3. 法律、行政法规规定的其他义务。

六、违约责任

1. 当事人一方不履行合同义务或者履行义务不符合约定的，依照《中华人民共和国合同法》的规定承担违约责任。

2. 承包方给承包地造成永久性损害的，发包方有权制止，并有权要求承包方赔偿由此造成的损失。

3. 如遇自然灾害等不可抗力因素，使本合同无法履行或不能完全履行时，不构成违约。

4. 相关法律和法规规定的其他违约责任。

七、其他事项

1. 承包合同生效后，发包方不得因承办人或者负责人的变动而变更或者解除，也不得因集体经济组织的分立或者合并而变更或者解除。

2. 承包期内，承包方交回承包地或者发包方依法收回的，承包方有权获得为提高土地生产能力而在承包地上投入的补偿。

3. 承包方通过互换、转让方式流转承包地的，由发包方与受让方签订新的承包合同，本承包合同依法终止。

4. 因土地承包经营发生纠纷的，双方当事人可以依法通过协商、调解、仲裁、诉讼等途径解决。

5. 本合同未尽事宜，依照有关法律、法规执行，法律、法规未做规定的，双方可以达成书面补充协议，补充协议与本合同具有同等的法律效力。

6. 本合同自签订之日起生效，原签订的家庭承包合同一律解除。

7. 本合同一式四份，发包方、承包方各执一份，乡（镇、街道）人民政府农村土地承包管理部门、县（市、区、旗）人民政府农村土地承包管理部门各备案一份。

发包方（章）：

负责人（签章）：　　　　承包方代表（签章）：

联系电话：　　　　联系电话：

身份证号：　　　　身份证号：

签订日期：　年　月　日

合同编号：

农业生产托管服务合同
示范文本

甲方（接受服务方）：______________

乙方（提供服务方）：______________

签订时间：________年________月________日

填写说明

1.《农业生产托管服务合同示范文本》为非强制性使用文本。

2. 合同当事人可结合农业生产托管服务具体情况，根据《农业生产托管服务合同示范文本》订立合同，并按照法律法规规定和合同约定承担相应的法律责任及合同权利。

甲方（接受服务方）：________________________________

法定代表人及身份证号：______________________________

地址：____

联系方式：____

乙方（提供服务方）：________________________________

法定代表人及身份证号：______________________________

地址：____

联系方式：____

根据有关法律法规及政策规定，甲乙双方本着平等、自愿、有偿的原则，就农业生产托管服务有关事项协商一致，订立本合同。

第一条　服务内容

甲方将________县（市、区）________乡（镇、街道）________村（社区）________村民小组（居民小组）的________亩________（作物，如：水稻、玉米、茶叶等）的________（如：生产资料供应、耕种防收等农机作业、烘干仓储或全程种植技术解决方案）委托给乙方开展生产托管服务。（甲方如托管两个地块以上作物的，可按本款格式补充）

第二条　服务标准

甲乙双方就服务的技术标准、质量标准等协商达成约定，作为本合同附件，与本合同具有同等法律效力。【甲乙双方可参照《农业生产托管服务标准指引》（附后），就服务事项协商约定相关标准并附于本合同之后】

第三条　服务期限

乙方根据农时需要和生产技术要求，在________年________月________

日至________年________月________日期间完成甲方委托的________作物________环节的生产托管服务。（如乙方提供的生产托管服务需在不同时间内进行，甲乙双方可根据实际情况分项约定具体服务时间）

第四条　服务费用

乙方为甲方提供的生产托管服务价格为人民币________元/亩，服务面积________亩，总费用人民币________元（大写：________）。（如乙方提供的服务无法按照上述方式计算服务费用，甲乙双方可根据实际服务过程中的具体情况协商约定服务费用）

第五条　支付方式

甲方于本合同签订当日，支付乙方服务费用总额的百分之________（小写：________%）计人民币________元（大写：________）作为订金。乙方所有服务完毕并经甲方验收合格后，甲方于________日内支付乙方剩余服务费用人民币________元（大写：________）。（甲乙双方可约定签订合同之日支付全部服务费用，或约定完成生产托管服务后一次性支付全部服务费用，或约定从甲方委托乙方销售农业收益中扣除服务费用）

第六条　甲乙双方的权利和义务

（一）甲方的权利和义务

1. 托管服务期间始终享有对托管地块的承包经营权，托管地块产出品归甲方所有。

2. 按照合同约定接受乙方提供的生产托管服务，要求乙方按照《农业生产托管服务标准指引》约定标准开展服务。对乙方服务进行监督和评价，验收服务成果。

3. 有权阻止乙方实施破坏农用地和其他农业资源的行为。若因乙方故意或过失破坏托管地块种植条件、给土地造成严重损害或者严重破坏土地生态环境的，有权要求乙方赔偿由此造成的损失。

4. 为乙方开展生产托管服务提供必要条件。（甲乙双方可根据实际情况约定甲方应提供必要条件的具体内容和时间）

5. 法律、法规、规章和政策所规定的其他权利和义务。

（二）乙方的权利和义务

1. 要求甲方在约定时间内提供必要的作业条件，并对服务结果进行验收。

2. 按照合同约定为甲方提供符合《农业生产托管服务标准指引》要求的生产托管服务，并向甲方解读服务内容。

3. 法律、法规、规章和政策所规定的其他权利和义务。

第七条　违约责任

（一）甲方逾期未支付服务费用的，从逾期之日起每日按应支付服务费用总额的百分之________（小写：________%）向乙方支付违约金，但不超过应付服务费用总额的百分之五十。

（二）乙方未按本合同约定提供服务，造成甲方损失的，应予以赔偿，具体赔偿金额和方式双方协商确定。

（三）任何一方违约所造成的损失，均由违约方负责赔偿。

（四）因不可抗力等重大因素导致本合同无法履行的，双方可以协商解除本合同，双方均不承担违约责任。

第八条　争议处理

甲乙双方发生争议，应协商解决。如协商不成，可以向服务所在地农业行政主管部门申请调解，也可以向服务所在地人民法院提起诉讼。

第九条　其他约定事项

（一）本合同自甲乙双方签字之日起生效。

（二）未尽或须调整事宜经甲乙双方协商一致可签订补充协议，补充协议与本合同具有同等法律效力。补充协议与本合同不一致的，以补充协议为准。

（三）服务所在地村委会或村集体经济组织可对甲乙双方的托管服务关系予以指导和监督。

（四）本合同（包括附件《农业生产托管服务标准指引》）一式两份，甲乙双方各持一份，具有同等法律效力。

（五）其他约定事宜：________。

附件：农业生产托管服务标准指引

甲方（签字或盖章）：________

时　　间：________年________月________日

乙方（签字或盖章）：________

时　　间：________年________月________日

农业生产托管服务标准指引

托管服务事项	具体内容	约定标准（由甲乙双方协商约定）	备注
□备耕（生产计划制定和农资农机准备）	□备耕时间		甲乙双方可协商约定备耕时间范围
	□农资采购		根据托管规模制定年度生产计划，列出种、肥、药等农资采购品种、单价、单位用量及配给方式，同时注明农资采购完成时间
	□农机选用		每个作业环节所用农机型号及作业能力，同时注明农机保障完成时间
	□……		
□耕整地	□作业模式		根据当地耕作制度和生产实际，列出主要耕整地模式，如旋耕、深翻、深耕、免耕等方式
	□作业时间范围		根据农时，列出耕整地作业起止时间范围及进度安排
	□作业技术要求		作业要求列出所采用机械的作业深度、作业幅宽、作业速度等技术指标
	□作业质量		说明各个作业环节可达到的作业效果
	□……		
□种子处理	□种子处理工艺		如包衣等，说明使用的药剂及其成分和用量
	□种子处理时间		根据农时，说明种子处理时间范围和进度安排
	□种子处理要求		说明种子处理应达到的效果
	□……		

续表

托管服务事项	具体内容		约定标准（由甲乙双方协商约定）	备注
□种植	□种植方式			按种子品类、耕作制度、地块面积、土壤特性等综合选定不同种植方式。如免耕播种、常规播种、移栽等
	□种植时间范围			根据农时，注明作业起止时间范围和进度安排
	□作业要求			列出所采用机械的作业幅宽、速度、深度、行距、株距，以及种、肥、药等农资使用量。非直播水田插秧在本环节说明。播种同时采用机械施底肥的，列出机械作业方式（如侧施肥）、幅宽、速度、深度、种肥间距等特性并注明用肥品类品牌、施用方法和施肥量
	□作业效果			说明可达到的作业效果
	□……			
□田间管理	□中耕追肥	□时间范围		说明进行中耕追肥的时间范围
		□作业要求		根据农艺技术要求，确定采用机械的作业幅宽、速度、深度等特性，并注明用肥品类、施用方法和施肥量。水田不进行中耕，但不同生育期需肥量、品类和施用方法要注明
		□作业效果		说明中耕追肥需要达到的指标如耕深、培土厚度、精准施肥等
	□灌溉	□灌溉时间范围		说明灌溉的时间范围
		□灌溉制度		按作物不同生育期需水量标准，同时结合当地实际情况制定灌溉制度，如采用水肥一体化技术
		□灌溉技术要求及作业效果		说明采用的灌溉技术要求，如灌溉水源、灌溉量等。说明灌溉应达到什么效果

续表

托管服务事项	具体内容		约定标准（由甲乙双方协商约定）	备注
□田间管理	□植保	□植保方案		针对作物不同生育期易发生的病虫草害，制定科学防治预案，注明易暴发的时间范围、诱发环境和形成灾害的表现，列出对应适用的“农业防治、生物防治、物理防治和化学防治”等防治措施，包括相应的药剂施用方案、设备设施布置方案、天敌释放数量方案等。本部分难点在于灾害诊断，各服务主体应有专业的技术人员（或聘任兼职专家）负责防治方案的制定和实施，或将本项工作托管给专业的植保队伍
		□植保作业机具		列出植保方案中的作业机具，如无人机、高地隙植保机等
		□植保作业效果		说明植保作业的效果
	□……			
□作物收获	□收割机机型			按作物品种、收获物、地块面积和地形条件选择收割机机型
	□作业时间范围			按作物成熟度、气象条件、土壤条件等作业条件要求，确定收割时间及作业进度
	□作业要求			列出所采用收割机的作业宽度、速度、秸秆切碎长度、割茬高度、籽粒损失率、果穗损失率、籽粒破碎率、秸秆抛撒不均匀率等作业特性
	□作业效果			说明可达到的作业效果
	□……			
□秸秆处理	□秸秆处理情况			根据农业生产服务主体实际情况，说明作物秸秆利用时间和利用情况，包括秸秆离田、秸秆还田
	□秸秆离田农机具			如果秸秆离田，列出所用的打包机、制粒机、运输车辆、装卸搬运机械等机具的名称、型号、作业效率等
	□秸秆还田方式			如果秸秆还田，说明采用的还田方式，如秸秆全量粉碎还田、秸秆覆盖还田、翻埋（压）还田等
	□秸秆还田农机具			列出所用机具的名称、型号、作业效率等
	□……			

续表

托管服务事项	具体内容	约定标准（由甲乙双方协商约定）	备注
□烘干及仓储	□烘干标准及方式		依据作物用途确定烘干时间、烘干标准和烘干方式，如热风干燥、微波干燥等
	□烘干机		列出采用的烘干机型号、烘干效率及达到的烘干质量
	□仓储方式及要求		说明仓储时间和方式，一般烘干结束后应将作物按品种分类仓储，保证不混杂，粮仓保持日常通风干燥，有效保障作物品质
	□……		
□销售	□……		约定销售时间或销售价格等
	□……		
□技术解决方案	□……		水、肥、药托管方案或全程种植技术解决方案等
	□……		
□全程托管	□……		约定亩均农作物产量或亩均农作物收益，如未达到约定产量或收益，双方协商补偿金额或具体补偿方式等
	□……		

注：1. 甲乙双方根据约定选择服务事项和服务内容，也可根据实际情况增加具体服务内容；

2. 本《农业生产托管服务标准指引》一式两份，甲乙双方各执一份，附于《农业生产托管服务合同示范文本》之后，具有同等法律效力。

甲方（签字或盖章）：________

时　　间：________年________月________日

乙方（签字或盖章）：________

时　　间：________年________月________日

合同编号：__________

安徽省农村土地承包经营权流转合同

（示范文本）

________市________县（市、区）________镇________村

签订日期：________________________________

使用说明

一、本合同为示范文本，供农村土地承包经营权流转当事人签订合同时参照使用。

二、签约之前，双方当事人应当阅读本合同全部条款，双方对合同条款及用词理解不一致的，应当协商达成一致意见，必要时可以在合同中予以明确。

三、合同签订前，当事人应当了解流转法律法规，可向当地农业主管部门咨询。

四、双方当事人可以对文本条款的内容进行修改、增补或者删减。修改条款具有《合同法》第五十二条和第五十三条规定情形的，该条款无效。

五、本合同文本中涉及的选择、填写内容以手写项为优先。

六、本合同签订生效后，未被修改的文本印刷文字视为双方当事人同意内容。

七、当事人订立合同的，应当在合同书上签字或者盖章或者捺手印。

八、本合同编号由县级农业主管部门按统一规则填写。

甲方（承包方）：

证件类型及编号：

联系地址：　　　　　　　　　　联系电话：

经营主体类型：□农村居民　□城镇居民　□村集体经济组织

□企业法人　□农民合作社　□其他

甲方委托代理人：

乙方（受让方）：

证件类型及编号：

联系地址：　　　　　　　　　　联系电话：

经营主体类型：□农村居民　□城镇居民　□村集体经济组织

□企业法人　□农民合作社　□其他

乙方委托代理人：

为维护当事人的合法权益，根据《中华人民共和国合同法》《中华人民共和国农村土地承包法》和《农村土地承包经营权流转管理办法》的有关法律法规规定，经双方自愿、平等协商，同意订立本合同。

第一条 特定术语和规范

（一）本合同所称的农村土地承包经营权流转是指在不改变农村土地所有权和农村土地承包经营权性质的前提下，农村土地承包经营权权利人将其依法取得的土地经营权，依法全部或部分转移给其他公民、法人及其他组织的行为。

（二）农村土地承包经营权流转应当遵循依法自愿、公平公正和诚实守信原则，任何组织和个人不得强迫或者阻碍进行农村土地承包经营权流转，流转的期限不得超过承包期的剩余期限。

（三）通过家庭承包取得的农村土地承包经营权，采取转让方式流转的，应当经发包方同意；采取转包、出租、互换或者其他方式流转的，应当报发包方备案。

（四）农村土地承包经营权采取互换、转让方式流转，当事人要求权属变更登记的，应当向县级人民政府农业行政（或农村经营管理）主管部门申请登记。

第二条 流转标的

地块名称	面积（亩）	等级	地类	四至				用途
				东至	西至	南至	北至	

该土地的承包经营权证书号：__________。

该土地的实际面积以《农村土地承包经营权证》登记面积为准，共计________亩。

第三条　流转形式

甲方现通过________流转方式（转包、出租、转让、互换、入股、其他）将该土地的经营权流转给乙方。

第四条　流转期限

甲方将该土地流转给乙方的期限为________年，从________年________月________日起至________年________月________日止（土地流转期限最长不超过甲方原承包期的剩余年限）。

第五条　流转交付

甲方流转土地给乙方的交付标准：________________________。

甲方应于________年________月________日前将该土地交付给乙方。

第六条　流转用途

乙方接受从甲方流转来的土地用途为________。

第七条　流转价款及支付方式

本合同总价款为________元。双方协商同意按第________支付方式第________种形式支付流转价款：

（一）现金支付方式：

1. 分期付款。该流转标的价款按每年每亩________元计算，共计________元。第一年流转价款为________元，以后流转价款每________年递增________；每次分期付款时间为应付款当年的________月________日前，由乙方支付给甲方。

2. 一次性付款。该流转标的价款按每年每亩________元计算，共计________元，于________年________月________日前付清。

3. 其他现金付款方式：________________________________。

（二）实物或实物折现支付方式：

1. 由乙方于当年________月________日前按每年每亩________斤________（稻谷、其他实物）向甲方支付，共支付________（稻谷、其他实物）________斤；以后每________年递增________。

2. 由乙方于当年________月________日前按每年每亩________斤________（稻谷、其他实物）的市场价（不低于国家最低收购价）为标准，折合成现金向甲方兑付；以后每________年递增________。

3. 其他实物折现支付方式：________________________________。

（三）本合同生效后________日内，乙方向甲方支付________元作为合同定金。采取一次性付款的，定金在流转合同期满后________日内一次性返还。分期付款的，定金在最后一期的流转价款中抵扣。

第八条　甲方权利及义务

（一）甲方的权利：

1. 有要求乙方按合同规定支付土地经营权流转价款的权利；

2. 有监督乙方依照合同约定的用途合理利用开发和保护土地的权利；

3. 有在本合同约定的土地流转期限届满后收回流转土地经营权的权利；

4. 该流转土地被依法征用、占用的，有依法获得相应土地使用补偿的权利。

（二）甲方的义务：

1. 应确认拥有该流转土地承包经营权，且该流转土地承包经营权权属合法、清晰，无任何与该流转土地有关的权属纠纷和经济纠纷；

2. 应向乙方提供该流转土地合法的集体决议记录或与集体经济组织签订的原承包合同、流转经营合同等证明材料；

3. 需要办理土地承包经营权属登记或变更登记的，应协助乙方办理土地承包经营权属登记或变更登记；

4. 应允许乙方使用经营该流转土地所必需的水系、道路及相关设施；

5. 不得干涉和妨碍乙方正常的生产经营活动；

6. 不得在合同有效期内，擅自将该土地经营权再次流转或收回。

第九条　乙方权利及义务

（一）乙方的权利：

1. 依法享有该土地使用和收益的权利；

2. 有自主组织生产经营（包括平整土地，兴修水利道路等设施）和处置产品的权利；

3. 该土地如被依法征收、征用、占用的，依法有获得相应的青苗及乙方所搭建的附着物及相关设施等相关补偿的权利；

4. 合同期满后，如甲方继续将该土地对外流转，乙方在同等条件下有优先续租的权利。

（二）乙方的义务：

1. 应按合同约定及时向甲方支付流转价款。

2. 需要办理土地承包经营权属登记或变更登记的，应依法办理土地经营权属登记或变更登记。

3. 应对该土地上未列入合同的水系、道路、建筑设施等农村集体资产，协助甲方做好管理和维护工作；如需变动，必须征得甲方和发包方同意。

4. 应严格按照国家管理规定开发利用该流转土地，不得擅自改变该土地的农业用地、耕地用途，不得破坏土地综合生产能力。

5. 应按国家环保要求和标准达标排放；保护和合理利用土地，不得给该土地造成永久性损害。

6. 不得自行或准许他人在该土地内实施采石、挖沙、取土等给土地造成损害的行为；乙方如发现有上述行为，应及时采取措施予以制止，并向有关部门报告。

第十条　合同变更、解除

（一）任何一方不得擅自变更、解除合同。

（二）经协商一致，双方可对本合同进行变更、解除或另签补充协议。

乙方在流转期限内将流转合同约定其享有的部分或全部权利转让给第三者，需经甲方和发包方同意，并签订书面补充协议。

（三）合同期满后，乙方应清理该土地上搭建的附着物及相关设施，在合同期满后__________日内将土地交给甲方。

在该土地上的附着物及相关设施的处理：____________________。

双方如需续约，应重新协商签订合同。

（四）土地流转期限超过国家规定的家庭承包期的，超过部分无效。

（五）在合同有效期内，因不可抗力或该土地及该土地上的附着物和相关设施被征收、征用、占用，导致合同无法继续履行的，本合同解除。如乙方出现已无法继续经营或破产倒闭情形，双方可协商解除合同。双方应按合同解除日期，结清合同履行期间相关费用。

第十一条　违约责任

（一）如甲方违约致使合同不能履行，须向乙方双倍返还定金；如乙方违约致使合同不能履行，所交付定金不予退还。因违约给对方造成损失的，违约方还应承担赔偿责任。

（二）甲方应按合同规定按时向乙方交付该土地，逾期一日应向乙方支付本期（年）应付流转价款的________‰作为违约金。逾期__________日，乙方有权解除合同，甲方承担违约责任。

（三）乙方应按照合同规定按时足额向甲方支付该土地流转价款，逾期一日乙方应向甲方支付本期（年）应付流转价款的________‰作为违约金。逾期________日，甲方有权单方解除合同，乙方应承担违约责任。

（四）如该土地手续不合法，或权属不清产生纠纷，致使合同全部或部分不能履行，甲方应承担违约责任。甲方违反合同约定擅自干涉和破坏乙方的生产经营，致使乙方无法进行正常的生产经营活动的，乙方有权单方解除合同，甲方应承担违约责任。

（五）乙方给该土地造成永久性损害，或者擅自改变该土地用途，经国家有关部门确认后，甲方有权要求乙方赔偿违约损失、有权单方解除合同，收回该土地经营权，所收取的定金不予退还。

（六）其他违约责任约定：__________________________________。

第十二条　合同争议解决方式

本合同在履行过程中发生的争议，由双方当事人协商解决，也可以请求村民委员会（居民委员会）、乡（镇）人民政府（街道办事处）等调解解决。当事人协商、调解不成的，按下列第________种方式解决。

（1）提交________农村土地承包仲裁委员会仲裁。

（2）依法向________人民法院起诉。

第十三条　其他约定事项：____________________________。

第十四条　合同自双方签字盖章后生效。本合同一式四份，甲、乙双方各执一份，发包方和乡（镇）人民政府农村土地承包管理部门各备案一份（如要鉴证，相应增加一份）。合同内容如有变更或有未尽事宜，应经双方协商一致，采用书面形式签订补充协议；补充协议与本合同具有同等法律效力。

甲方（签字盖章）：	乙方（签字盖章）：
委托代理人（签字盖章）：	委托代理人（签字盖章）：
开户银行：	开户银行：
账　　号：	账　　号：
签订时间：	签订时间：

鉴证单位（盖章）：

鉴证人：

鉴证时间：

附件：

1. 甲方《土地承包经营权证》复印件；

2. 甲、乙双方自然人身份证明复印件或主体资格证明复印件；

3. 委托代理人自然人身份证明复印件或主体资格证明复印件以及委托人出具的委托书；

4. 其他相关材料。

农村土地承包经营权转包/出租合同

合同编号：

甲方（转包方或出租方）：

法定代表人身份证号：

住所：　　　　　　　　　　　　联系方式：

乙方（接包方或承租方）：

法定代表人身份证号（或营业执照号）：

住所：　　　　　　　　　　　　联系方式：

根据《中华人民共和国农村土地承包法》《中华人民共和国合同法》《中华人民共和国农村土地承包经营纠纷调解仲裁法》《四川省〈中华人民共和国农村土地承包法〉实施办法》《农村土地承包经营权流转管理办法》等法律、法规、规章和有关政策的规定，在原承包关系不变的前提下，甲乙双方本着平等、自愿、有偿的原则，经协商一致，就土地承包经营权转包/出租事宜，订立本合同。

一、转包/出租土地基本情况及用途

甲方自愿将位于________乡（镇）或街道________村或社区______村民小组或居民小组的________亩承包地（详见附件1）的承包经营权转包/出租给乙方，转包/出租土地为农业用途，主营项目是________________________生产经营。

二、转包/出租期限

土地承包经营权转包/出租期限不得超过二轮土地承包期限剩余年限。转包/出租期限为____年，自______年____月____日起至______年____月____日止。

三、转包/出租价格与支付方式

（一）转包/出租按下列第____种形式计价：

1. 实物。乙方每亩每年支付甲方____公斤（大写：__________）（稻谷、玉米、小麦等），共计每年支付____公斤（大写：__________）（稻谷、玉米、小麦等），按该品种当年当地大宗上市时均价折算现金。

2. 现金。乙方每亩每年支付甲方人民币________元（大写：______），共计每年支付人民币________元（大写：______）。

3. 其他。____。

（二）转包费/租金按下列第____种方式支付：

1. 逐年支付。于每年____月____日前支付____（当年度/下年度）转包费/租金，且每年递增______%（约定不递增的填写零），或每隔____年增加____元。

2. 其他方式。____________________________________。

四、甲方的权利和义务

1. 有权获得土地流转收益，有权按照合同约定的期限到期收回流转的土地。

2. 有权监督乙方合理利用、保护流转土地，有权制止乙方损坏流转土地和其他农业资源的行为，并有权要求乙方赔偿由此造成的损失。

3. 乙方不按合同约定使用土地，改变土地用途、违反城乡环境规划、破坏水利等基础设施或给土地造成永久性损害的，甲方有权终止合同。

4. 流转土地被依法征收、占用时，除按投资权属明确为乙方或第三方的青苗补偿和地上附着物补偿外的其他补偿由甲方享受。

5. 甲方于______年______月______日之前将土地交付乙方。

6. 不得干涉乙方依法进行正常的生产经营活动和生产条件的改善。

7. 法律、法规、规章和政策规定的其他权利和义务。

五、乙方的权利和义务

1. 依法享有该流转土地的使用权、收益权、经营权和产品处置权。

2. 符合有关法律、法规、规章和政策的规定，并报经有关部门批准，可以在流转的土地上修建直接用于农业生产和管理的非永久性生产设施。

3. 依法享受国家和当地政府提供的规模性产业发展的奖励、扶持、补助。

4. 流转的土地被依法征收、占用、收回时，有权获得接包/承租土地后的青苗补偿、投资权属明确归己的地上附着物补偿及相关损失补偿。

5. 依法保护和合理利用流转的土地。不得改变土地的农业用途，不得随意弃耕抛荒，不得损坏农田水利设施，不得从事违反国家法律、法规、规章和政策规定的生产经营活动。

6. 合同期满或中途终止合同，应及时交还接包/承租的土地。需继续接包/承租的，在同等条件下享有优先权，并于接包/承租期满前____个月与甲方平等协商，重新订立合同。

7. 法律、法规、规章和政策所规定的其他权利和义务。

六、违约责任

1. 因一方擅自变更或解除本合同，无过错方依法可免除责任，有权要求过错方按照当年转包费/租金的______%承担违约责任；给对方造成损失的，过错方还应当依法承担赔偿责任。

2. 乙方逾期支付转包费/租金，每日按当年应支付金额的______‰承担违约金；甲方逾期交付土地，每日按当年转包费/租金的______‰承担违约金。

3. 甲方干预乙方正常的生产经营活动，给乙方造成的损失由甲方负责赔偿。

4. 乙方不按本合同约定，改变土地用途、破坏水利等基础设施的，负责修复；不能修复或不能如期修复的，负责赔偿。

5. 乙方接包/承租甲方的土地从事违反相关规定的生产经营活动受到国家有关机关的处罚，全部责任由乙方承担；由此给甲方造成的损害由乙方负责赔偿。

七、其他

1. 签订合同时，甲方留在转包/出租土地上的树木、竹林、地上附着物等的处理约定：__________________________；合同到期后，乙方因生产经营需要而投入新建的相关设施及地上附着物进行补偿的约定：______

______________________________。

2. 合同期满或中途终止合同，除渠系、道路等生产设施外，对改变了土地使用用途的设施，若甲方接受则乙方不负责修复；甲方不接受的部分则遵循本合同第六条第4款约定。

3. 乙方因生产需要招聘员工，在同等条件下，优先考虑甲方。

4. 乙方对土地进行再流转，需征得甲方书面同意，再流转期限不得超过本合同约定的流转期限。

5. 本合同自甲乙双方签字之日起生效。经协商，决定申请______（是或否）鉴证。未尽事宜，双方协商一致后订立补充协议，其补充协议作为本合同附件，具有同等法律效力。

6. 其他需说明的事项：______________________________。

7. 本合同在履行过程中发生争议，双方可以通过协商解决；协商不成或协商后又反悔的，可以请求____村民（居民）委员会、____乡（镇）人民政府或街道办事处调解；不愿协商、调解或协商、调解不成的，以及达成调解协议后又反悔的，可以向______县（市、区）农村土地承包仲裁委员会申请仲裁，也可以直接向______县（市、区）人民法院起诉。

8. 本合同一式______份，甲乙双方或鉴证机构各执一份，发包方、乡（镇）人民政府或街道办事处土地承包管理机构各备案一份。

甲方（签字）：　　　　　　　　乙方（签字、盖章）：

________年__月__日　　　　　　______年__月__日

农村土地承包经营权互换合同

合同编号：

甲方（代表）：

法定代表人身份证号：

住所：　　　　　　　　　　　　　联系方式：

乙方（代表）：

法定代表人身份证号：

住所：　　　　　　　　　　　　　联系方式：

根据《中华人民共和国农村土地承包法》《中华人民共和国合同法》《中华人民共和国农村土地承包经营纠纷调解仲裁法》《四川省〈中华人民共和国农村土地承包法〉实施办法》《农村土地承包经营权流转管理办法》等法律、法规、规章和有关政策的规定，甲乙双方本着平等、自愿、有偿的原则，经协商一致，就土地承包经营权互换事宜，订立本合同。

一、互换土地基本情况及用途

甲方自愿将位于____乡（镇）或街道____村（社区）____村民小组或居民小组的______亩承包地（详见附件 2）的承包经营权互换给乙方，互换土地为农业用途，主营项目是______________生产经营。

乙方自愿将位于____乡（镇）或街道____村或社区____村民小组或居民小组的______亩承包地（详见附件 1）的承包经营权互换给甲方，互换土地为农业用途，主营项目是____________生产经营。

二、互换期限

土地承包经营权互换期限不得超过二轮土地承包期限剩余年限。互换期限为____年，自____年__月__日起至____年__月__日止。

三、互换双方的权利和义务

1. 土地承包经营权互换后，甲乙双方均取得对方互换地块的承包经营权，丧失自己原有地块的承包经营权，原享有的承包权利和承担的义务也相应互换。

2. 土地承包经营权互换后，甲乙双方须重新与发包方签订承包合同，并及时向______乡（镇）人民政府或街道办事处土地承包管理机构申请，依法办理农村土地承包经营权证变更登记。

3. 甲乙双方对互换后的地块享有使用权、收益权、流转权、经营权和产品处置权。

四、违约责任

1. 如一方违反本合同约定，应向对方支付违约金________元。

2. 因变更或解除本合同使一方遭受损失的，除依法可免除责任外，应由责任方负责赔偿。

3. 一方当事人违约，经催告后仍不履行义务的，另一方当事人可以解除本合同，如果违约金尚不足以弥补守约方经济损失的，违约方还应当依法承担赔偿责任。

五、其他

1. 互换地块存在________（面积、地力、作物、地上附着物等）差异的，甲乙双方协商约定______________补偿。

2. 本合同自甲乙双方签字之日起生效。经协商，决定申请______（是或否）鉴证。未尽事宜，双方协商一致后订立补充协议，其补充协议作为本合同附件，具有同等法律效力。

3. 其他需要说明的事项：______________________________。

4. 本合同在履行过程中发生争议，双方可以通过协商解决；协商不成或协商后又反悔的，可以请求________村民（居民）委员会、________乡（镇）人民政府或街道办事处调解；不愿协商、调解或协商、调解不成的，以及达成调解协议后又反悔的，可以向________县（市、区）农村土地承包仲裁委员会申请仲裁，也可以直接向________县（市、区）人民法院起诉。

5. 本合同一式________份，甲乙双方或鉴证机构各执一份，发包方、乡（镇）人民政府或街道办事处农村土地承包管理机构各备案一份。

甲方（签字）：　　　　　　　　　　乙方（签字）：

年　月　日　　　　　　　　　　年　月　日

农村土地承包经营权转让合同

合同编号：

甲方（转让方）：

法定代表人身份证号：

住所：　　　　　　　　　　联系方式：

乙方（受让方）：

法定代表人身份证号：

住所：　　　　　　　　　　联系方式：

根据《中华人民共和国农村土地承包法》《中华人民共和国合同法》《中华人民共和国农村土地承包经营纠纷调解仲裁法》《四川省〈中华人民共和国农村土地承包法〉实施办法》《农村土地承包经营权流转管理办法》等法律、法规、规章和有关政策的规定，经发包方书面同意，甲乙双方本着平等、自愿、有偿的原则，经协商一致，就农村土地承包经营权转让事宜，订立本合同。

一、转让土地基本情况及用途

甲方自愿将位于____乡（镇）或街道____村或社区____村民小组或居民小组的______亩承包地（详见附件1）的承包经营权转让给同社的乙方，转让土地为农业用途，主营项目是________生产经营。

二、转让期限

土地承包经营权转让期限不得超过二轮土地承包期限剩余年限。转让期限为____年，自____年____月____日起至____年__月__日止。

三、转让费及支付方式

转让费为人民币______元（大写：________）；

转让费于______年____月____日前全部支付完毕。

四、转让双方的权利与义务

1. 甲方于______年____月____日之前将土地交付乙方。

2. 转让合同签订后，甲方与发包方原承包关系解除。全部转让的，乙方重新与发包方签订承包合同；部分转让的，甲乙双方分别与发包方重新签订承包合同。

3. 转让生效后，甲乙双方应及时向______乡（镇）人民政府或街道办事处农村土地承包管理机构申请，依法办理农村土地承包经营权证变更登记。

4. 乙方获得土地承包经营权后依法享有对转让地块的使用权、收益权、流转权、经营权和产品处置权。

五、违约责任

1. 乙方不按时支付转让费，每日按应支付金额的____‰承担违约金。

2. 甲方不按时交付土地，每日按转让费的____‰承担违约金。

3. 因变更或解除本合同使一方遭受损失的，除依法可免除责任外，应由责任方负责赔偿。

4. 一方当事人违约，经催告后仍不履行义务的，另一方当事人可以解除本合同，如果违约金尚不足以弥补守约方经济损失，违约方还应当依法承担赔偿责任。

六、其他

1. 本合同自甲乙双方签字之日起生效。经协商，决定____（是或否）鉴证。未尽事宜，双方协商一致后订立补充协议，其补充协议作为本合同附件，具有同等法律效力。

2. 其他需要说明的事项：________________________________。

3. 本合同在履行过程中发生争议，双方可以通过协商解决；协商不成或协商后又反悔的，可以请求____村民（居民）委员会、______乡（镇）人民政府或街道办事处调解；不愿协商、调解或协商、调解不成的，以及达成调解协议后又反悔的，可以向________县（市、区）农村土地承包仲裁委员会申请仲裁，也可以直接向________县（市、区）人民法院起诉。

4. 本合同一式____份，甲乙双方、发包方或鉴证机构各执一份，乡（镇）人民政府或街道办事处农村土地承包管理机构各备案一份。

甲方（签字）：　　　　　　　　乙方（签字）：

______年____月____日　　　　______年____月____日

农村土地承包经营权股份合作合同

合同编号：

甲方（入股方）：

法定代表人身份证号：

住所：　　　　　　　　　　联系方式：

乙方（受让方）：

法定代表人身份证号：

住所：　　　　　　　　　　联系方式：

根据《中华人民共和国农村土地承包法》《中华人民共和国合同法》《中华人民共和国农村土地承包经营纠纷调解仲裁法》《四川省〈中华人民共和国农村土地承包法〉实施办法》《农村土地承包经营权流转管理办法》等法律、法规、规章和有关政策的规定，在原承包关系不变的前提下，甲乙双方本着平等、自愿、有偿的原则，经协商一致，就土地承包经营权股份合作事宜，订立本合同。

一、股份合作土地基本情况及用途

甲方自愿将位于______乡（镇）或街道____村或社区____村民小组或居民小组的__________亩承包地（详见附件1）的承包经营权与乙方股份合作，股份合作土地为农业用途，主营项目是______________生产经营。

二、股份合作期限

土地承包经营权股份合作期限不得超过二轮土地承包期限剩余年限。股份合作期限为______年，自______年____月____日起至______年____月____日止。股份合作土地承包经营权折合股份为____股或折合金额________元。

三、股权分红与支付方式

（一）采取下列第____种形式分配股权红利：

1. 保底分红。乙方以每亩每年____公斤（大写__________）（稻谷、玉米、小麦等）或人民币______元（大写__________），共计每年______公斤（大写__________）（稻谷、玉米、小麦等）或人民币______元（大写__________）作为甲方土地承包经营权股份合作的保底收益，再根据每年的生产经营状况，将纯收益的______%作为红利分配。

2. 固定分红。实物计价，即乙方每亩每年分配甲方______公斤（大写：______）（稻谷、玉米、小麦等），共计每年分配______公斤（大写：______ ______）（稻谷、玉米、小麦等），按该品种当年当地大宗上市时均价折算现金；现金结算，即乙方每亩每年分配甲方人民币______元（大写：______），共计每年分配人民币______元（大写：______）。

3. 其他形式。____。

（二）采取下列第______种方式支付股权红利：

1. 逐年支付。于每年____月____日前支付____（当年度/下年度）保底收益或固定分红，且每年递增______%（约定不递增的填写零），或每隔______年增加______元。于每年______月______日前根据生产经营情况，分配红利。

2. 其他方式。____。

四、甲乙双方的权利和义务

1. 甲方有权按照合同约定分得股权红利、到期收回股份合作的土地承包经营权。

2. 甲方于______年____月____日之前将股份合作土地交付乙方。

3. 乙方于股份合作到期之日将土地交付甲方。

4. 乙方依法享有股份合作土地的使用权、收益权、经营权和产品处置权。

5. 乙方应当依照合同约定按时足额向甲方支付股权红利。

6. 乙方应当依法保护和合理利用股份合作的土地。不得改变土地的农业用途，不得随意弃耕抛荒，不得损坏农田水利设施，不得从事违反国家法律、法规、规章和政策规定的生产经营活动。

7. 其他。____________________________________。

五、违约责任

1. 因一方擅自变更或解除本合同，无过错方依法可免除责任，有权要求过错方按照当年股权红利的______%承担违约责任；给对方造成损失的，过错方还应当依法承担赔偿责任。

2. 乙方逾期支付股权红利，每日按当年应支付金额的____‰承担违约金；甲方逾期交付土地，每日按当年股权红利的____‰承担违约金。

3. 甲方干预乙方正常的生产经营活动，给乙方造成的损失由甲方负责赔偿。

4. 乙方不按本合同约定，改变土地用途、破坏水利等基础设施的，负责修复；不能修复或不能如期修复的，负责赔偿。

5. 乙方在股份合作的土地上从事违反相关规定的生产经营活动受到国家有关机关的处罚，全部责任由乙方承担；由此给甲方造成的损害由乙方负责赔偿。

六、其他

1. 地上附着物及相关设施的处理：

股份合作前，甲方留在股份合作土地上的树木、竹林、地上附着物等的处理约定：________________；合同到期后，乙方因生产经营需要而投入新建的相关设施及地上附着物进行补偿的约定：________________。

2. 合同期满或中途终止合同，除渠系、道路等生产设施外，对改变了土地使用用途的设施，若甲方接受则乙方不负责修复；甲方不接受的部分则遵循本合同第五条第 4 款约定。

3. 乙方因生产需要招聘员工，在同等条件下，优先考虑甲方。

4. 本合同自甲乙双方签字之日起生效。经协商，决定申请____（是或否）鉴证。未尽事宜，双方协商一致后订立补充协议，其补充协议作为本合同附件，具有同等法律效力。

5. 其他需说明的事项：____________________________。

6. 本合同在履行过程中发生争议，双方可以通过协商解决；协商不成或协商后又反悔的，可以请求____村民（居民）委员会、______乡（镇）人民政府或街道办事处调解；不愿协商、调解或协商、调解不成的，以及达成调解协议后又反悔的，可以向________县（市、区）农村土地承包仲裁委员会申请仲裁，也可以直接向________县（市、区）人民法院起诉。

7. 本合同一式______份，甲乙双方或鉴证机构各执一份，发包方、乡（镇）人民政府或街道办事处土地承包管理机构各备案一份。

甲方（签字）：　　　　　　　　乙方（签字、盖章）：

年　月　日　　　　　　　　　　年　月　日

农村土地承包经营权委托流转协议

（本协议适用于农户委托村民委员会、村民小组或其他组织代为流转土地承包经营权时使用）

甲方（委托方）：

法定代表人身份证号：

住所：　　　　　　　　　　　联系方式：

乙方（受托方）：

法定代表人身份证号：

住所：　　　　　　　　　　　联系方式：

根据《中华人民共和国农村土地承包法》《中华人民共和国合同法》《中华人民共和国农村土地承包经营纠纷调解仲裁法》《四川省〈中华人民共和国农村土地承包法〉实施办法》《农村土地承包经营权流转管理办法》等法律、法规、规章和有关政策的规定，甲方自愿将以下土地承包经营权委托乙方进行流转，经双方协商一致，特订立本协议。

一、委托事项

1. 委托流转土地基本情况：

甲方自愿将位于____乡（镇）或街道____村或社区____村民小组或居民小组的______亩承包地（详见附件1）的承包经营权委托流转。

2. 委托流转方式：

甲方委托乙方将以上土地共计________亩的承包经营权以（转包、出租、股份合作）方式流转他人。

3. 委托流转期限：

土地承包经营权委托流转期限不得超过二轮土地承包期限剩余年限。委托流转期限为______年，自______年____月____日起至______年____月____日止。

4. 委托流转价款与支付方式：

（1）甲方委托乙方按每亩每年________（现金、实物或实物折价）进行流转，全年合计__________。

（2）考虑物价等因素的约定：________________________。

（3）支付结算方式：_____________________________。

5. 其他委托事项：

甲方委托流转土地上的树木、竹林、地上附着物等的处理约定：____________________________________；协议到期后，土地受让方因生产经营需要而投入新建的相关设施及地上附着物、土地复耕等事项的处理约定：____。

二、委托权限

甲方授权乙方按照下列第______种方式行使相关权利：

1. 授权乙方与土地受让方协商流转事宜并代为签订土地流转合同，监督土地受让方履行流转合同约定。

2. 授权乙方与土地受让方协商流转事宜，由甲方直接与土地受让方签订转包、出租、股份合作合同。

三、违约责任

1. 因变更或解除本协议而使相关当事人遭受损失的，除依法可免除责任外，应由责任方负责赔偿。

2. 如一方当事人违反本协议约定，应向守约方支付违约金____元。如果违约金尚不足以弥补守约方经济损失的，违约方应在违约金之外增加赔偿金。

3. 乙方逾期支付代收流转收益，每日按当年应支付金额的_‰承担违约金；甲方逾期交付土地，每日按当年流转收益的____‰承担违约金。

四、其他

1. 乙方按本协议授权范围行使相关权利。

2. 乙方超越权限流转土地对甲方或土地受让方造成损失的，由乙方承担法律责任并支付赔偿金。

3. 本协议自甲乙双方签字之日起生效。经协商，决定申请____（是或否）鉴证。未尽事宜，双方协商一致后订立补充协议，其补充协议作为本协议附件，具有同等法律效力。

4. 其他需要说明的事项：________________________。

5. 本协议在履行过程中发生争议，双方可以通过协商解决；协商不成或协商后又反悔的，可以请求____村民（居民）委员会、____乡（镇）人民政府或街道办事处调解；不愿协商、调解或协商、调解不成的，以及达成调解协议后又反悔的，可以向________县（市、区）农村土地承包仲裁委员会申请仲裁，也可以直接向________县（市、区）人民法院起诉。

6. 本协议一式____份，甲乙双方或鉴证机构各执一份，发包方、乡（镇）人民政府或街道办事处农村土地承包管理机构各备案一份。

甲方（签字）：

乙方（法定代表人或负责人签字、盖章）：

年 月 日

年 月 日

附件 1

转包/出租/互换/转让/股份合作/委托流转土地基本情况表

（在选择流转方式下画“√”）

县（市、区）　　乡（镇）或街道　　村或社区　　村民小组或居民小组

序号	地块名称	四至界线				面积（亩）	是否基本农田	土地承包经营权证编号
		东	南	西	北			
1								
2								
3								
4								
5								
6								
7								
8								
9								
10								
11								
12								
13								
14								
15								
16								
17								
18								
19								
20								
21								
22								
23								
24								

合计（小写）　　亩　（大写）　　亩

承包方签字：　　受让方签字：　　村民小组或居民小组法定代表人签字（公章）

附件2

农村土地承包经营权转让申请表

县（市、区）________乡（镇）或街道________村或社区________村民小组或居民小组

申请人（承包方）		住所		联系方式	
受让方		住所		联系方式	

转让土地状况	地块名称	四至				面积（亩）	是否基本农田	土地承包经营权证编号
		东	南	西	北			
	合计面积	（小写）　　亩				（大写）　　亩		

转让期限	自　　年　月　日至　　年　月　日

因____________，申请人（承包方）有稳定的非农职业和稳定的非农收入来源，经家庭成员协商同意，将坐落于________________________________等地的________亩土地承包经营权转让给受让方从事____________农业生产经营。根据《中华人民共和国农村土地承包法》及有关法律法规政策的规定，特提出转让申请，并承诺转让后在转让土地的承包期内，不再以家庭承包方式要求承包土地。望批准为盼。

申请人（含共有人）签字：

年　月　日

发包方意见 （盖章）	发包方法定代表人（签字）： 年　月　日

附件3

委托流转土地明细表

县（市、区）　　　　乡（镇）或街道　　　　村或社区　　　　村民小组或居民小组

序号	委托方（承包农户）	地块名称	四至				面积（亩）	是否基本农田	委托方（承包农户）持有的土地承包经营权证编号
			东	南	西	北			

填表人签字：　　　　　　　　　　负责人签字：

附件4

农村土地承包经营权流转登记册

县（市、区）　　　　乡（镇）或街道　　　　村或社区　　　　村民小组或居民小组

序号	承包方	受让方		地块名称	是否基本农田	土地用途	流转面积（亩）	流转方式	流转价格（元/亩·年）	流转日期	流转期限（年）	备注
		名称	住所									

填表人签字：　　　　　　　　　　负责人签字：

附录三

农村常用电话

市政府服务热线：12345

三农综合信息服务平台：12316

火警报警电话：119

医疗急救中心：120

匪警电话：110

短信报警电话：12110

交通事故：122

天气预报：121

号码百事通：114

电信客服：10000

移动客服：10086

联通客服：10010

邮政客户服务电话：11185

全国法律服务热线：12348

全国铁路客服中心：12306

电力系统客服电话：95598

消费者投诉举报专线电话：12315

质量监督电话：12365

文化市场统一举报电话：12318

民工维权热线电话：12333

中纪委举报平台：12388

全国检察服务热线：12309

公安机关及民警违纪违法举报电话：12389

扫黑除恶（政法干警违法违纪）举报平台：12337

全国生态环境投诉举报平台：12369